列女傳補注

〔清〕王照圓 撰
虞思徵 點校

中華書局

圖書在版編目(CIP)數據

列女傳補注/(清)王照圓補注;虞思徵點校. —北京:中華書局,2025.6. —ISBN 978-7-101-17120-4

Ⅰ.K828.5

中國國家版本館 CIP 數據核字第 202522Y92V 號

封面題簽:虞萬里
責任編輯:汪　煜
封面設計:周　玉
責任印製:韓馨雨

列女傳補注
〔清〕王照圓 補注
虞思徵 點校
*
中華書局出版發行
(北京市豐臺區太平橋西里 38 號　100073)
http://www.zhbc.com.cn
E-mail:zhbc@zhbc.com.cn
北京新華印刷有限公司印刷
*
850×1168 毫米 1/32 · 13¾印張 · 2 插頁 · 250 千字
2025 年 6 月第 1 版　2025 年 6 月第 1 次印刷
印數:1-2000 册　定價:78.00 元

ISBN 978-7-101-17120-4

整理弁言

列女傳，漢劉向撰。向字子政，本名更生，楚元王劉交四世孫。年十二即以父任爲輦郎，及冠擢諫大夫，歷中壘校尉，事宣、元、成帝三朝。漢河平三年，向奉成帝命領校中五經秘書，前後近二十載，列女傳即成於此期間。當成帝之世，趙飛燕、趙合德亂於内，王鳳、淳于長擅於外，國政綱紀因之大壞。向既爲三朝元臣、宗室遺老，感先皇之恩，痛時局之亂，慨然以匡扶宗室爲己任，嘗語陳湯曰：「災異如此，而外家日盛，其漸必危劉氏。吾幸得同姓末屬，絫世蒙漢厚恩，身爲宗室遺老，歷事三主。上以我先帝舊臣，每進見常加優禮，吾而不言，孰當言者？」遂假校書之便，奏洪範五行傳論以刺外戚，作列女傳以諷后宮，故「採取詩、書所載賢妃貞婦，興國顯家可法則，及孽嬖亂亡者，序次爲列女傳，凡八篇，以戒天子」。

漢書楚元王傳載「序次爲列女傳，凡八篇」，八篇者，一曰母儀，二曰賢明，三曰仁智，四曰貞順，五曰節義，六曰辯通，七曰孽嬖，八曰傳頌。然考之太平御覽所引劉向七略别録，曰「臣與黄門侍郎歆所校列女傳，種類相從爲七篇，以著禍福榮辱之效，是非得失之分，畫之於屏風四堵」，則七篇固向所自言者也。至傳頌所作爲向爲歆，論者各持異見，今實未能明判。隋志稱列女傳十五卷，劉向撰，曹大家注。新唐志及崇文總目皆因之，此蓋曹注析其七篇爲十四，連頌義而爲十五篇也。

嘉祐中，集賢校理蘇頌始以頌義篇次復定其書爲八篇，與十五篇者並藏於館閣。至曾鞏校録時並見兩本，其後王回感劉向所序諸書多散佚，唯此書幸存，然爲他手竄改，已非向書本然。故併録其目，而以頌證之，删爲八篇，號古列女傳；餘二十傳，文亦典奥淵雅，遂次之以時，别爲一篇，號續列女傳。南宋嘉定中，蔡驥復取蘇頌、王回本，離其頌而分附各人傳後，成古列女傳七卷、續列女傳一卷，遂成今所見之祖本。古列女傳每卷十五傳，傳末附頌，四言八句。續傳二十傳，曾鞏以爲班昭所補，四庫提要斥其説無證，今已無可質指矣。周中孚曰：「其卷數之異同，當頌義及注分合之故耳。」可謂擘肌分理。

自列女傳行世，東漢有曹大家、馬融、劉熙，三國有虞貞節，即隋志所載「趙母」也。世説新語劉孝標注引列女傳云：「趙姬者，桐鄉令東郡虞韙妻，潁川趙氏女也。才敏多覽。韙既没，文皇帝敬其文才，詔入宫省。上欲自征公孫淵，姬上疏以諫。作列女傳解，號趙母注。賦數十萬言。赤烏六年卒。」梁有綦母邃，皆爲之作注，惜今皆不傳。唐宋以還，唯有蘇、曾、王、蔡輩從事校正分合，元僅有大德十一年所刊列女傳圖像，明黄魯曾亦輯刊其書並作讚，尠有注者。至清始有王照圓列女傳補注、梁端列女傳校注、蕭道管列女傳集注三家注本。

王照圓（一七六三—一八五一）本名瑞玉，字照圓，號婉佺，山東福山人。考福山縣志稿，其十四世祖王忠自明洪武年間遷居於此，後裔不乏大吏重臣。然王照圓年幼失怙，幸得其母林孺人知書達理，居家有法，使讀孝經、内則、毛詩，故其居閨門之内而博涉經史。二十五歲于歸郝懿行，兩人志趣相投，激發切磋，學業精進，感情甚篤，時有唱和之作，後輯成和鳴集。郝懿行於嘉慶四年折桂，散館授户部主事閑職，二十餘年未得右遷，生活窘困。然夫婦安貧守賤，相敬如賓，頗有梁孟遺風。郝懿行没，安人扶柩歸里，餘生盡付與郝氏遺書之整理，使其夫一生之學術不至湮没磨滅，功莫大焉。安人著有列仙傳校注、列女傳補注、葩經小記等，另與其夫合著有詩説、詩問。臧庸以爲「當代女師，一人而已矣」。

列女傳補注八卷、敘録一卷、校正一卷者，安人自謂補曹大家之注也。以選注、史記正義中所輯集之曹注爲主，兼取綦母邃、虞貞節之義，考譌正謬，訂異參同，頗能通其隱滯，發前人所未及。詮釋名理，校正文字，貫串經傳，疏解精嚴。馬瑞辰贊其「博而不蕪，精而不鑒，洵足傳子政之家法，紹惠姬之懿範」。至於義所常行、舊人已注及文字小異者，則闕而弗論，不具著，此亦足證其立説之慎且精矣。凡列女傳引詩文義與毛詩異者，補注悉歸爲魯詩説。其以劉向乃楚元王交四世孫，而交嘗受詩於浮丘伯，故世傳魯學也。此論肇始於南宋王應麟，清朱彝尊、臧庸亦本之，而王照圓亦襲其説。馬瑞辰則以爲劉向所引韓詩甚多，似不得謂其悉本魯詩，並於序中聊舉數例，以證其説不妄。王引之亦持此説，與瑞辰互有詳畧。然三家詩相淆千載，釐清實非易事，宜俟後來之能者繼而論焉。

補注之所爲作，實緣於安人之母林孺人，孺人嘗命之曰：「昔班氏注列女傳十五卷，今其書亡，如能補爲之注，是余所望於汝也。」故謹志不忘。其書始撰於嘉慶十年前後，郝懿行嘉慶十三年與孫淵如書云：「拙荆近欲注列女傳，將上繼曹大家之遺躅，亦未知能了此事不也？」至十六年而書成。夫婦又疑義相析，頗有訂正，今書中「夫子曰」是也。補注書成，郝懿行分請同年王引之及王念孫、胡承珙諸師友匡所不逮，今書末所附校正一卷是也。其中臧庸七條，王念孫十條，王引之三條，馬瑞辰七條，胡承珙十一條，洪頤煊四條，牟房十三條，王紹蘭十一條，是一時之名碩皆參校與論，亦足紀盛。嘉慶十七年春，補注由棲霞郝氏曬書堂刊行，臧庸、馬瑞辰爲之作序，後收入郝氏遺書。光緒八年，順天府府尹畢道遠奉旨進郝氏夫婦著作若干以供禁省，補注亦得留呈御覽。民國六年（一九一七），潮陽鄭堯臣據郝氏遺書校刊，收録於龍谿精舍叢書。三十年代初，商務印書館排印補注，收入萬有文庫第二集，一九三八年復編入國學基本叢書。

今以曬書堂郝氏遺書本爲底本，並參校龍谿精舍叢書與萬有文庫本，施以新式標點，整理出版。列女圖於向、歆輯校之時已「畫之於屏風四堵」。自漢迄明，蔡邕、顧愷之、謝稚、仇英等皆有列女圖行世。故遵從陳麥青、黄曙輝兩先生之建議，取四部叢刊本古列女傳之圖，逐録配次於各傳之後，以便觀覽。底本原有光緒七年順天府所上奏摺及光緒八年上諭各一首，考慮其與列女傳補注關係不大，故此次整理不再收入，附識於此。限於水平，難免錯舛，敬請讀者匡正。

辛卯年溽暑甲戌日，山陰虞思徵謹識。

再版補記

二〇一三年，我所整理點校之列女傳補注，作爲歷代文史要籍注釋選刊之一種，由華東師範大學出版社出版。彼時尚在攻讀碩士研究生期間，限於學力水平，書中舛誤不少，其後每每翻閲，即如鯁在喉。白駒過隙，十年倏忽而逝，不意今日竟有彌補前愆之機會——承汪煜兄美意，使補注在中華書局重版。既然重版，自當改正初版中文字、標點錯誤。但除此之外，另作如下幾項改動：

一、全書統一改用全式標點。稍特殊而需要在此明晰者：甲、列女傳中偶見「號曰」云云，既稱號，是此爲專指，今統一加專名線。乙、王照圓補注以及列女傳補注校正中所摘取的列女傳原文統一不加標線。

二、避清諱字如「玄」作「元」、「丘」作「邱」，皆徑回改。若干古字如「尔」、「无」等遵循底本原貌，不作統一。

三、列女傳正文中某些語句因衍文、闕漏、誤倒及文字訛誤而扞格難通，或産生歧義而兩可。本次重版一般遵從王照圓補注之説予以句讀。

四、補注原無配圖，初版時以列女圖古已「畫之於屏風四堵」，歷代又多有名家繪本行世，遂取四部叢刊本古列女傳之圖配次於各傳之下，以便讀者觀覽。本次重版依然保留列女圖，但更換爲道光五年揚州阮氏文選樓覆刻南宋建安余氏勤有堂本之配圖。南宋建安余氏勤有堂本爲現存最早之圖文相配版列女傳，其署名爲「晉大司馬參軍顧愷之圖畫」。清人錢曾、江藩、阮福皆信其出自顧氏手筆，而顧廣圻據嘉祐八年王回列女傳序所敘唐前列女圖於北宋初年已屬罕見且不爲全本之情形，斷爲「余氏所補繪耳」。然縱如顧廣圻所言，此圖亦屬宋畫，較明代諸本更具古意。故本次重版擇取該本之配圖。

於此圖之真僞有所争議：

五、底本中王照圓之補注均爲篇後注，其以大字刻所摘取的被校文字，而以雙行小字刻其補注，此次重版，不再採用底本的大小字形式，並且於各條被校文字之前加上注碼，正文相應處亦添加相關注碼。至於王照圓所摘取的被校文字，則一仍底本，凡有增改，均出校記説明。其中，卷五代趙夫人傳補注〔五〕、〔六〕二條，底本原倒，今徑乙正，附識於此，幸讀者詳之。

本書重版期間，責任編輯汪煜兄與我往復討論，提出許多寶貴意見，在此謹致謝意。人皆云校書如掃落葉，旋掃旋生。古籍整理亦如是。雖則掃一片落葉有進一寸之歡喜，然亦有深知落葉無法掃盡之遺憾。故未能掃盡之處，敬希博雅君子見教。

癸卯年寒露己亥日，山陰虞思徵補記。

目録

列女傳補注卷三

仁智傳

列女傳補注卷四

貞順傳

列女傳補注卷五

節義傳

列女傳補注卷六

辯通傳

列女傳補注卷七

孽嬖傳

列女傳補注卷八

續　傳

列女傳補注序

歲庚午，庸再遊學京師，一時師友之盛，日以經史古義相研究，樂此不疲，兀坐成疾，不以爲困也。時有父子著述，一家兩先生者，王石渠觀察暨令嗣曼卿學士也。有夫婦著述，一家兩先生者，郝蘭皋户部暨德配王婉佺安人也。庸寓吴鑑菴通政家，距石渠先生之居僅數廛，因得朝夕請益，而慕安人之學之名特至。嘗以孝節録從户部乞言于安人，撰讀孝節録一首以應，性情真摯，文辭高曠，得六朝文法，書法亦遒勁，唐人歐、褚遺範也。既而户部以安人所著列女傳補注八卷、敘録一卷屬庸校定，并索序言。時庸久病，束裝南歸有日矣。凡京師名卿大夫與庸交好者，無不詔庸以讀書爲戒，謂當心如槁木死灰，以資静養。雖庸亦以爲然，然感户部相待之雅，安人諈諉之意，又不能辭也。力疾開卷，一再勘之，詮釋名理，詞簡義洽，校正文字，精確不磨，貫串經傳，尤多心得，不覺肅然起敬，以爲當代女師，一人而已矣。是書先有曹大家、綦母邃、虞貞節三家注，補注以曹爲主，而兼采綦母、貞節之義，故名。其注有虞二妃頌「元始二妃」曰：「元，大也。始，初也。夫婦爲人之大始，劉氏又於此託始也。」注姜嫄傳「姜嫄之性，清静專一」曰：「荀子云：『好稼者衆矣，而后稷獨傳者，壹也。』是后稷之性專壹，亦母教使然。」注簡狄傳「簡狄性好人事之治」曰：「人事謂五教之屬。契明人倫，本之母教。」注衛寡夫人傳「遂入持三年之喪」曰：「『遂入，非禮也。喪又不應三年也。曾子問：『取女有吉日而女死，壻齊衰而弔，既葬，除之，夫死亦如之。』鄭注：『未有期三年之恩也。』齊女情過乎禮，未爲中道。」斯竝微言，善解禮意。劉氏世傳魯詩，漢志言三家「魯最爲近之」，故熹平立石亦本魯學。鄭康成箋毛，用魯義尤多。范史特言從張恭祖受韓詩者，疏漏之談耳。補注考之經傳，核之毛、韓，其文之不同、義之有異者，每定爲魯詩，斯亦近儒所罕聞，經生之絶業也。如湯妃有㜪傳曰：「『詩云：『窈窕淑女，君子好逑。』言賢女能爲君子和好衆妾。』補注曰：「此魯詩説也。與毛氏異義，爲鄭箋之所本。」而淺者未考，遂議鄭箋爲改毛矣。衛姑定姜傳曰：「詩云：『先君之思，以畜寡人。』君子謂定姜爲慈姑。」補注曰：「畜，孝也。言婦能孝於姑，此魯詩説。毛詩『畜』作『勖』，義異。」按鄭注禮記坊記以「畜」爲「孝」，釋文云：「是魯詩。」鄭志以爲盧子幹義同。晉弓工妻傳曰：「君聞昔者公劉之行乎？羊牛踐葭葦，惻然爲民痛之，恩及草木。」補注曰：「此以爲公劉事，蓋魯詩説。」按後漢寇榮傳曰：「公劉敦行葦，世稱其仁。」潛夫論德化篇引行葦及旱麓詩云：「公劉厚德，恩及草木羊牛六畜。」文選班叔皮北征賦曰：「慕公劉之遺德，及行葦之不傷。」皆本魯詩説也。陳國辯女傳：「乃爲之歌曰：『墓門有梅，有鴞萃止。』」補注曰：「梅，當作『棘』。」楚辭注云：「解居父聘吴，過陳之墓門，見婦人，欲與之淫泆，婦人引詩刺之曰：『墓門有棘，有鴞萃止。』」蓋皆魯説也。庸著拜經日記，考王叔師楚辭章句，徵詩與毛、韓不同，定爲魯義，與補注正合。其他人所習知，及文字小異者，不具著，亦足證立説之精矣。竊以三代治亂之原，多本女德，士大夫興衰之兆，亦由婦人。考之於古，驗之於今，昭昭然若黑白之分矣。中壘斯傳，爲垂世立教之大經，士人既多所不習，女子又鮮能通此，古道之不興，蓋由是矣。幸得如安人者，爲之疏通疑義，詮補舊説，而大旨瞭然，宜家置一編，爲人倫之始，王化之端，海内之治，將駸駸日上。庸經生也，不敢爲大言，姑摭微文末義平日所誦習者，應安人之屬，并以質之户部云爾。

嘉慶十六年秋七月戊子日，武進臧庸序。

列女傳補注序

劉向列女傳八卷，古有曹大家、綦母邃、虞貞節三家注，今皆不傳。世所傳明黄省曾列女傳本及明繪圖本皆無注，傳寫溷淆，寖失其舊，此福山王婉佺安人補注所爲作也。往歲，瑞辰以年家子弟問學於郝蘭皐先生，先生方爲爾雅疏，每寫數頁，輒以見示，往復討論，心獲良多，檮昧所及，過蒙採録。既乃出安人所著列女傳補注相示，受而讀之，其立論則原本禮經，其詁義則讀應爾雅。考譌正謬，必廣證乎羣書；訂異參同，亦兼綜夫衆説。博而不蕪，精而不鑿，洵足傳子政之家法，紹惠姬之懿範已。顧鄙陋之見，有與補注相發明者，如魯漆室女傳「其家倩吾兄行追之」，補注：「倩，借也。」今按琴操作「請吾兄追之」。請、倩形相似，倩即請之譌耳。陳國辨女傳引詩「墓門有棘，有鴞萃止」，補注云：「棘，當作『棘』。」據楚辭「繁鳥萃棘」爲證。今按玉篇古文「某」作「槑」。槑、棘形相似，棘蓋譌作槑。因之毛詩作「梅」，又作「棘」耳。有爲補注所未及者，如有虞二妃傳「選于林木」，路史引作「遜于林木」；棄母姜嫄傳「性明而仁」，路史注引作「性敷而仁」，此異字也。陳寡孝婦傳頌「妣將嫁之，終不從母」，「妣」當爲「比及三年」之「比」，非「考妣延年」之「妣」，此誤字也。路史「啓母后趫」注云：「趫，列女傳作『嬌』。」今啓母塗山傳竝無「后嬌」之文，此逸文也。又有與補注之説小有異同者，如契母簡狄傳「與其妹娣浴于玄丘之水」，補注分妹與娣爲二，據史記「三人行浴」爲證。今按吕覽音初篇云：「有娀氏有二佚女。」鴻烈墬形篇云：「有娀在不周之北，長女簡翟，少女建疵。」皆謂姊妹二人，則知史記「三人」實「二人」之譌，而妹娣不得分爲二矣。又據路史注引列女傳「姊妹浴于玄丘之水」，則知今本「與其妹娣」實字形之誤耳。啓母塗山傳「辛壬癸甲」，補注謂既生啓，方四日而遂去，與書言娶四日而去不同。據傳，「既生啓」三字在「辛壬癸甲」上也。今按吕覽、説文皆言江淮俗以辛壬癸甲爲嫁娶之日。路史注引列女傳亦云：「娶四日而往治水，啓既生呱呱是矣。」又傳頌「辛壬癸甲，禹往敷土」實承「維配帝禹」言之，則知列女傳亦謂禹娶四日而去。古本「既生啓」三字乃在「辛壬癸甲，禹去而治水」之下，今誤移于「辛壬癸甲」上耳。至傳引詩文義與毛不同，補注悉訂爲魯詩，以劉向爲楚元王交元孫，元王嘗與申公同受詩于浮丘伯，宜世傳魯學也。其論肇于王伯厚，而朱彝尊經義考、范家相三家詩拾遺悉本之，近臧氏庸亦主其説。但考傳所引詩，惟「康王晏起，關雎起興」與漢書杜欽傳同，「先君之思，以畜寡人」與坊記引詩鄭注爲定姜送婦同。一則師古以爲魯詩，一則釋文以爲魯詩，可顯證爲魯詩説耳。其以式微爲黎莊夫人作，碩人爲莊姜傅母作，大車爲息夫人作，經傳無徵，不能確指爲魯詩之學。若以柏舟爲衛宣夫人詩，與李黄集解引韓詩合。毛詩李黄集解四十一卷，係集李樗、黄櫄兩家之説，不著編録姓氏。芣苢爲傷夫有惡疾，汝墳爲家貧親老，仕于亂世，與韓詩章句合。行露爲夫不備禮，女不肯往，載馳爲許穆夫人始欲與齊，以爲國援，與韓詩外傳合。韓詩外傳：「高子問于孟子曰：『夫嫁娶非己所自親也。衛女何以得編于詩也？』衛女，即許穆夫人。嫁娶非己所自親，正以其自欲與齊爲疑也。渭陽爲秦太子罃送晉文公，與後漢書注引韓詩合。行葦爲公劉詩，與趙長君吴越春秋合。長君嘗從杜撫受韓詩，蓋亦韓詩説也。劉向所引韓詩實多，似不得謂其悉本魯詩也。或謂韓、魯詩多同。晉唐以後，韓存魯亡，故所引多韓詩，不知其實魯詩也。但劉向本傳竝無傳授魯詩之説。世傳魯詩，特後人以前證後之詞，不若據所引詩證之爲確。王曼卿學士疑劉向嘗治韓詩，與鄙説互有詳畧。凡兹數義，知無裨于鉅觀，聊取證于往訓。敢以質之蘭皋先生及安人，庶幾無負芻蕘之詢云爾。

嘉慶十有七年三月望日，桐城馬瑞辰謹序。

列女傳補注卷一

福山　王照圓

母儀傳

有虞二妃

有虞二妃者〔一〕，帝堯之二女也。長娥皇，次女英。舜父頑母嚚。父號瞽叟〔二〕，弟曰象，敖游於嫚，舜能諧柔之〔三〕，承事瞽叟以孝。母憎舜而愛象，舜猶内治，靡有姦意。四嶽薦之於堯，堯乃妻以二女，以觀厥内。二女承事舜於畎畝之中，不以天子之女故而驕盈怠嫚，猶謙謙恭儉，思盡婦道。瞽叟與象謀殺舜，使塗廩。舜歸告二女曰：「父母使我塗廩，我其往？」二女曰：「往哉！」舜既治廩，乃捐階，瞽叟焚廩，舜往飛出。象復與父母謀，使舜浚井。舜乃告二女，二女曰：「俞，往哉！」舜往浚井，格其出入，從掩〔四〕，舜潛出。時既不能殺舜〔五〕，瞽叟又速舜飲酒〔六〕，醉將殺之。舜告二女，二女乃與舜藥，浴汪〔七〕，遂往，

母儀傳

舜終日飲酒不醉。舜之女弟繫憐之〔八〕，與二嫂諧。父母欲殺舜，舜猶不怨。怒之不已，舜往于田號泣，日呼旻天，呼父母〔九〕。惟害若兹，思慕不已，不怨其弟，篤厚不怠。既納于百揆，賓于四門，選于林木，入于大麓〔一〇〕，堯試之百方，每事常謀於二女。舜既嗣位，升爲天子，娥皇爲后，女英爲妃，封象于有庳，事瞽叟猶若焉〔一一〕。天下稱二妃聰明貞仁。舜陟方，死於蒼梧，號曰重華。二妃死於江湘之間，俗謂之湘君〔一二〕。君子曰：「二妃德純而行篤。」詩云：「不顯惟德，百辟其刑之。」此之謂也。

頌曰：元始二妃〔一三〕，帝堯之女。嬪列有虞，承舜於下。以尊事卑，終能勞苦。瞽叟和寧，卒享福祜。

【補注】

〔一〕有虞二妃　「有」字配「虞」成文耳，無義例也。經傳言有夏、有殷、有周皆然。

〔二〕父號瞽叟　説者皆言瞽無目，或曰有目但不能分別善惡，故假爲此稱耳。此傳云「號」，甚明矣。

〔三〕舜能諧柔之　諧，和也。柔，安也。

〔四〕從掩　孟子作「從而掩之」，此脱。

〔五〕時既不能殺舜　史記索隱引「二女教舜鳥工上廩」、「龍工入井」，疑在此句之上，今本脱去之。

〔六〕又速舜飲酒　速，召也。

〔七〕乃與舜藥浴汪　藥，葛花之屬，能解酒毒。汪，池也。左傳曰：「周氏之汪。」

〔八〕舜之女弟繫　舜女弟名敤手，俗書傳寫誤合爲「擊」字，又誤爲「繫」字。

〔九〕日呼旻天呼父母　夫子曰：二「呼」字，孟子萬章篇俱作「于」。于，即呼也。「吁」、「于」古字通。「吁」、「呼」聲又近，俱歎息之義。

〔一〇〕選于林木入于大麓　入，尚書作「内」，古字通也。「内」又同「納」。廣雅云：「選、納，入也。」是「入于大麓」即「選于林木」，句義重複矣。文選注引曹大家注曰：「竹木曰林，山足曰麓。」

〔一一〕事瞽叟猶若焉　若，順也。言二妃雖貴，猶能和順於舅姑。

〔一二〕二妃死於江湘之閒俗謂之湘君　史記正義引「之閒」下有「因葬焉」三字，後漢書注引「湘君」下有「湘夫人也」四字，今本俱脱之。

〔一三〕頌元始二妃　元，大也。始，初也。夫婦爲人之大始。劉氏作傳，又於此託始也。

棄母姜嫄

棄母姜嫄者，邰侯之女也。當堯之時，行見巨人迹，好而履之，歸而有娠，浸以益大，心怪惡之，卜筮禋祀，以求無子〔一〕。終生子，以爲不祥，而棄之隘巷，牛羊避而不踐。乃送之平林之中，後伐平林者咸薦之覆之〔二〕。乃取置寒冰之上，飛鳥傴翼之〔三〕。姜嫄以爲異，乃收以歸，因命曰棄。姜嫄之性，清靜專一〔四〕，好種稼穡。及棄長，而教之種樹桑麻。棄之性明而仁，能育其教〔五〕，卒致其名。堯使棄居稷官，更國邰地，遂封棄於邰，號曰后稷。及堯崩，舜即位，乃命之曰：「棄！黎民阻飢。汝居稷〔六〕，播時百穀。」其後世世居稷，至周文、武而興爲天子。君子謂姜嫄靜而有化。詩云：「赫赫姜嫄，其德不回，上帝是依。」又曰：「思文后稷，克配彼天，立我烝民。」此之謂也。

頌曰：棄母姜嫄，清靜專一。履迹而孕，懼棄於野〔七〕。鳥獸覆翼，乃復收恤。卒爲帝佐，母道既畢。

姜嫄
棄稷也

【補注】

〔一〕以求無子　毛詩作「以弗無子」，此蓋魯詩説也。

〔二〕薦之覆之　薦，席也。覆，蓋也。

〔三〕鳥傴翼之　傴，曲背也。言飛鳥曲身以翼蔽其上下也。

〔四〕姜嫄之性清静專一　荀子曰：「好稼者衆矣，而后稷獨傳者，壹也。」是后稷之性專壹，亦母教使之然。

〔五〕能育其教　育，養也，長也。言棄能長養服習母教也。

〔六〕汝居稷　居，俗本作「后」，形之誤也。今書舜典亦同此誤。詩思文正義引鄭注作「汝居稷官」可證。夫「后」者，君也。舜方命官，君主之號不容施於其臣也。汝居稷，猶言「汝作士」、「汝作司徒」耳，何有后稷之稱乎？

〔七〕頌懼棄於野　「野」字失韻，蓋誤。

契母簡狄

契母簡狄者，有娀氏之長女也。當堯之時，與其妹娣浴於玄丘之水〔一〕，有玄鳥銜卵，過而

契母簡狄
玄鳥
墮卵
妹娣

墜之，五色甚好。簡狄與其妹娣競往取之。簡狄得而含之，誤而吞之，遂生契焉。簡狄性好人事之治〔二〕，上知天文，樂於施惠。及契長，而教之理順之序。契之性聰明而仁，能育其教，卒致其名。堯使爲司徒，封之於亳〔三〕。及堯崩，舜即位，乃敕之曰：「契！百姓不親，五品不遜。汝作司徒，而敬敷五教，在寬。」其後世世居亳，至殷湯興爲天子。君子謂簡狄仁而有禮。詩云：「有娀方將，立子生商〔四〕。」又曰：「天命玄鳥，降而生商。」此之謂也。

頌曰：契母簡狄，敦仁厲翼。吞卵産子，遂自修飾。教以事理，推恩有德。契爲帝輔，蓋母有力。

【補注】

〔一〕與其妹娣　史記云：「三人行浴。」蓋簡狄與其妹及娣爲三人也。

〔二〕簡狄性好人事之治　人事，謂五教之屬，人所有事也。契之能明人倫，亦母教使之然。

〔三〕封之於亳　南亳也，湯所都，故書序云：「湯始居亳，從先王居。」

〔四〕立子生商　毛詩「立」上有「帝」字。此蓋魯詩。

啓母
夏禹
治水

啓母塗山

啓母者，塗山氏長女也。夏禹娶以爲妃。既生啓，辛壬癸甲[一]，啓呱呱泣，禹去而治水，惟荒度土功，三過其家，不入其門。塗山獨明教訓而致其化焉[二]。及啓長，化其德而從其教，卒致令名。禹爲天子，而啓爲嗣，持禹之功而不殞[三]。君子謂塗山彊於教誨。詩云：「釐爾士女[四]，從以孫子。」此之謂也。

頌曰：啓母塗山，維配帝禹。辛壬癸甲，禹往敷土。啓呱呱泣，母獨論序。教訓以善，卒繼其父。

【補注】

〔一〕辛壬癸甲　依書言，是娶塗山甫四日而往治水也。依此傳，是既生啓方四日而遂去也。

〔二〕塗山獨明教訓而致其化焉　言能代禹教訓其子，而身致其化焉。

〔三〕持禹之功而不殞　持，循也。殞，墜也。

〔四〕釐爾士女　毛詩作「女士」。

湯妃有㜪

湯妃有㜪

湯妃有㜪者，有㜪氏之女也。殷湯娶以爲妃，生仲壬、外丙〔一〕，亦明教訓，致其功。有㜪之妃湯也，統領九嬪〔二〕，後宫有序，咸無妒媢逆理之人，卒致王功。君子謂妃明而有序。詩云：「窈窕淑女，君子好逑。」言賢女能爲君子和好衆妾〔三〕，其有㜪之謂也。

頌曰：湯妃有㜪，賢行聰明。媵從伊尹，自夏適殷〔四〕。勤愍治中，九嬪有行。化訓内外，亦無愆殃。

【補注】

〔一〕生仲壬外丙　孟子言外丙、仲壬之前又有太丁，蓋生子三人也。

〔二〕統領九嬪　九嬪，九御也。位在三夫人下。

〔三〕窈窕淑女君子好逑言賢女能爲君子和好衆妾　此蓋魯詩説也。與毛氏異義，爲鄭箋所本。

〔四〕頌自夏適殷　「殷」當作「商」，上下相韻。

周室三母

三母者，太姜、太任、太姒。

太姜者，王季之母，有呂氏之女〔一〕。太王娶以爲妃〔二〕。生太伯、仲雍、王季。貞順率導，靡有過失〔三〕。太王謀事遷徙〔四〕，必與太姜。君子謂太姜廣於德教。

太任者，文王之母，摯任氏中女也。王季娶爲妃。太任之性，端一誠莊〔五〕，惟德之行。及其有娠〔六〕，目不視惡色，耳不聽淫聲，口不出敖言，能以胎教。溲於豕牢，而生文王。文王生而明聖，太任教之，以一而識百。君子謂太任爲能胎教。古者婦人妊子，寢不側，坐不邊，立不蹕〔七〕，不食邪味，割不正不食，席不正不坐，目不視于邪色，耳不聽于淫聲，夜則令瞽誦詩，道正事。如此，則生子形容端正，才德必過人矣。故妊子之時，必慎所感。感於善則善，感於惡則惡。人生而肖萬物者，皆其母感於物，故形音肖之。文王母可謂知肖化矣。

太姒者〔八〕，武王之母，禹後有莘姒氏之女〔九〕，仁而明道。文王嘉之，親迎于渭，造舟爲梁。及入，太姒思媚太姜、太任，旦夕勤勞，以進婦道〔一〇〕。太姒號曰文母，文王治外，文母治内。太姒生十男〔一一〕：長伯邑考、次武王發、次周公旦、次管叔鮮、次蔡叔度、次曹叔振鐸、次霍叔武、次成叔處、次康叔封、次聃季載。太姒教誨十子，自少及長，未嘗見邪僻之事。及其長，文王繼而教之，卒成武王、周公之德。君子謂太姒仁明而有德。詩曰：「大邦有子，俔天之妹。文定厥祥，親迎于渭。造舟爲梁，不顯其光。」又曰：「太姒嗣徽音，則百斯男。」此之謂也。

頌曰：周室三母，太姜任姒。文武之興，蓋由斯起。太姒最賢，號曰文母。三姑之德，亦甚大矣。

【補注】

〔一〕有吕氏之女　北堂書鈔引「女」下有「也」字，此脱。

〔二〕太王娶以爲妃　後漢書注引此下有「賢而有色」四字。

〔三〕貞順率導靡有過失　後漢書注引作：「化導三子，皆成賢德。」史記正義引作：「率導諸子，至于成童，靡有過失。」

〔四〕太王謀事　後漢書注引作：「太王有事，必諮謀焉。」

〔五〕端一誠莊　後漢書注引「一」作「懿」。史記正義引作「壹」。此作「一」，非。

六
周室三母
泰伯
太姜
太王
王季
文王
太任
太姒
武王

〔六〕及其有娠　後漢書注及史記正義俱引「娠」作「身」。

〔七〕坐不邊立不蹕　邊，垂也。蹕，跛也。

〔八〕太姒者　後漢書注引「者」下有「文王之妃」四字，此脱。

〔九〕禹後有莘姒氏之女　史記正義引「女」下有「也」字，此脱。又有「在郃之陽，在渭之涘」二句。

〔一〇〕以進婦道　進，猶盡也。

〔一一〕太姒生十男　十男之次，管叔叙周公下，與孟子及史記世家不合。又成叔武、霍叔處，此復互易其名，疑誤。

衞姑定姜

衞姑定姜者，衞定公之夫人，公子之母也〔一〕。公子既娶而死，其婦無子，畢三年之喪，定姜歸其婦，自送之至於野，恩愛哀思，悲心感慟，立而望之，揮泣垂涕，乃賦詩曰：「燕燕于飛，差池其羽。之子于歸，遠送于野。瞻望不及，泣涕如雨。」送去歸泣而望之，又作詩曰：「先君之思，以畜寡人〔二〕。」君子謂定姜爲慈姑，過而之厚。定公惡孫林父，孫林父

衛姑
定姜

奔晉。晉侯使郤犨爲請還，定公欲辭。定姜曰：「不可。是先君宗卿之嗣也，大國又以爲請，而弗許，將亡。雖惡之，不猶愈於亡乎？君其忍之。夫安民而宥宗卿，不亦可乎？」定公遂復之。君子謂定姜能遠患難。詩曰：「其儀不忒，正是四國。」此之謂也。定公卒，立敬姒之子衎爲君，是爲獻公。獻公居喪而慢。定姜既哭而息，見獻公之不哀也，不內食飲，嘆曰：「是將敗衛國，必先害善人，天禍衛國也。夫吾不獲鱄也，使主社稷。」大夫聞之皆懼。孫文子自是不敢舍其重器於衛。鱄者，獻公弟子鮮也。賢而定姜欲立之而不得。後獻公暴虐，慢侮定姜，卒見逐走，出亡至境，使祝宗告亡，且告無罪於廟。定姜曰：「不可。若令無，神不可誣〔三〕。有罪，若何告無罪也？且公之行，舍大臣而與小臣謀，一罪也；先君有冢卿以爲師保而蔑之，二罪也；余以巾櫛事先君，而暴妾使余，三罪也。告亡而已，無告無罪。」其後賴鱄力，獻公復得反國。君子謂定姜能以辭教。詩云：「我言惟服。」此之謂也。鄭皇耳率師侵衛，孫文子卜追之，獻兆於定姜曰：「兆如山林，有夫出征，而喪其雄。」定姜曰：「征者喪雄，禦寇之利也。大夫圖之。」衛人追之，獲皇耳於犬丘。君子謂定姜達於事情。詩云：「左之左之，君子宜之。」此之謂也。

頌曰：衛姑定姜，送婦作詩。恩愛慈惠，泣而望之。數諫獻公，得其罪尤。聰明遠識，麗於文辭。

【補注】

〔一〕公子之母也　失其名，故但稱公子。

〔二〕以畜寡人　畜，孝也。言婦能孝於姑，故於其歸去，涕泣而送之，賦燕燕詩也。此魯詩説。毛詩「畜」作「勖」，義異。

〔三〕若令無神不可誣　無，當作「有」。本左傳襄十四年文，傳云：「無神何告？若有，不可誣也。」

齊女傅母

傅母者，齊女之傅母也。女爲衞莊公夫人，號曰莊姜。姜交好〔一〕，始往，操行衰惰，有冶容之行，淫泆之心。傅母見其婦道不正，諭之云：「子之家世世尊榮，當爲民法則。子之質，聰達於事，當爲人表式。儀貌壯麗，不可不自修整。衣錦絅裳，飾在輿馬，是不貴德也。」乃作詩曰：「碩人其頎〔二〕，衣錦絅衣〔三〕。齊侯之子，衞侯之妻。東宮之妹，邢侯之姨，譚公維私。」砥厲女之心以高節〔四〕，以爲人君之子弟，爲國君之夫人，尤不可有邪僻之行焉。女遂感而自修。君子善傅母之防未然也。莊姜者，東宫得臣之妹也。無子，姆戴嬀之子桓公〔五〕。公子州吁，嬖人之子也。有寵，驕而好兵，莊公弗禁。後州吁果殺桓公。詩曰：「毋教猱升木。」此之謂也。

頌曰：齊女傅母，防女未然。稱列先祖，莫不尊榮〔六〕。作詩明指，使無辱先。莊姜姆妹〔七〕，卒能修身。

【補注】

〔一〕姜交好　交，亦「姣」字。

〔二〕碩人其頎　以爲傅母作，亦魯詩説也。

〔三〕衣錦絅衣　絅，襌也。毛詩作「褧」，音苦迥切。此作「絅」，音與之同。中庸引「衣錦尚絅」，正與此合。魯詩説也。

〔四〕砥厲女之心以高節　砥厲，磨厲也。高節，文選注引作「高其節」。

〔五〕姆戴嬀之子桓公　「姆」，即「母」字也。

傅母
齐女
交好使者
衛莊公

〔六〕頌莫不尊榮　當作「榮尊」，與上下韻。

〔七〕莊姜姆妹　當作「姆嫣」，言爲嫣氏子之母也。或曰：當是「母桓」。

魯季敬姜

魯季敬姜者，莒女也，號戴己〔一〕，魯大夫公父穆伯之妻，文伯之母，季康子之從祖叔母也。博達知禮。穆伯先死，敬姜守養。文伯出學而還歸，敬姜側目而盼之，見其友上堂，從後階降而卻行，奉劍而正履，若事父兄。文伯自以爲成人矣。敬姜召而數之曰：「昔者武王罷朝，而結絲袜絶〔二〕，左右顧，無可使結之者，俯而自申之，故能成王道；桓公坐友三人，諫臣五人，日舉過者三十人，故能成伯業；周公一食而三吐哺，一沐而三握髮，所執贄而見於窮閭隘巷者七十餘人，故能存周室。彼二聖一賢者，皆霸王之君也，而下人如此。其所與遊者，皆過己者也，是以日益而不自知也。今以子年之少而位之卑，所與遊者皆爲服役，子之不益，亦以明矣。」文伯乃謝罪。於是乃擇嚴師賢友而事之，所與遊處者皆黄耄倪齒也〔三〕，文伯引衽攘捲而親饋之〔四〕。敬姜曰：「子成人矣。」君子謂敬

敬姜

姜備於教化。詩云：「濟濟多士，文王以寧。」此之謂也。文伯相魯。敬姜謂之曰：「吾語汝，治國之要盡在經矣〔五〕。夫幅者，所以正曲枉也，不可不彊，故幅可以爲將。畫者，所以均不均，服不服也，故畫可以爲正。物者，所以治蕪與莫也，故物可以爲都大夫〔六〕。持交而不失，出入不絶者，捆也，捆可以爲大行人也〔七〕。推而往，引而來者，綜也，綜可以爲關內之師〔八〕。主多少之數者，均也，均可以爲內史。服重任，行遠道，正直而固者，軸也，軸可以爲相。舒而無窮者，摘也，摘可以爲三公。」文伯再拜受教。文伯退朝，朝敬姜，敬姜方績。文伯曰：「以歜之家而主猶績，懼干季孫之怒，其以歜爲不能事主乎！」敬姜歎曰：「魯其亡乎！使童子備官而未之聞邪？居，吾語汝。昔聖王之處民也，擇瘠土而處之，勞其民而用之，故長王天下。夫民勞則思，思則善心生；逸則淫，淫則忘善，忘善則惡心生。沃土之民不材，淫也；瘠土之民嚮義，勞也。是故天子大采朝日，與三公、九卿組織地德〔九〕；日中考政，與百官之政事，使師尹維旅、牧，宣敬民事〔一〇〕；少采夕月〔一一〕，與太史、司載糾虔天刑；日入監九御，使潔奉禘、郊之粢盛，而後即安。諸侯朝修天子之業令，晝考其國〔一二〕，夕省其典刑，夜儆百工，使無慆淫，而後即安。卿大夫朝考其職，晝講其庶政，夕序其業，夜庀其家事，而後即安。士朝而受業，晝而講隸〔一三〕，夕而習復，夜而討過無憾〔一四〕，而後即安。自庶人以下，明而動，晦而休，無自以怠〔一五〕。王后親織玄紞，公侯之夫人加之以紘、綖，卿之內子爲大帶，命婦成祭服，則士之妻加之以朝服〔一六〕，自庶士以下，皆衣其夫。社而賦事，烝而獻功，男女效績，否則有辟，古之制也。君子勞心，小人勞力，先王之訓也。自上以下，誰敢淫心舍力？今我寡也，爾又在下位，朝夕處事，猶恐忘先人之業，況有怠惰，其何以辟〔一七〕？吾冀汝朝夕修我曰：『必無廢先人。』爾今也曰：『胡不自安。』以是承君之官，余懼穆伯之絶嗣也。」仲尼聞之曰：「弟子記之，季氏之婦不淫矣。」詩曰：「婦無公事，休其蠶織。」言婦人以織績爲公事者也，休之非禮也。文伯飲南宮敬叔酒，以露堵父爲客。羞鼈焉小，堵父怒。相延食鼈，堵父辭曰：「將使鼈長而食之。」遂出。敬姜聞之，怒曰：「吾聞之先子曰：『祭養尸，饗養上賓。』鼈於人何有？而使夫人怒！」遂逐文伯。五日，魯大夫辭而復之〔一八〕。君子謂敬姜爲慎微。詩曰：「我有旨酒，嘉賓式讌以樂。」言尊賓也。文伯卒，敬姜戒其妾曰：「吾聞之：好內，女死之；好外，士死之。今吾子夭死，吾惡其以好內聞也。二三婦之辱共祀先祀者〔一九〕，請毋瘠色，毋揮涕，毋陷膺〔二〇〕，毋憂容。有降服，毋加服。從禮而靜，是昭吾子。」仲尼聞之曰：「女知莫如婦，男知莫如夫，公父氏之婦知矣，欲明其子之令德。」

詩曰：「君子有穀，貽厥孫子。」此之謂也。敬姜之處喪也，朝哭穆伯，暮哭文伯。仲尼聞之曰：「季氏之婦可謂知禮矣，愛而無私，上下有章。」敬姜嘗如季氏，康子在朝，與之言，不應，從之；及寢門，不應而入。康子辭於朝而入見，曰：「肥也不得聞命，毋乃罪邪？」敬姜對曰：「子不聞邪？天子及諸侯合民事於内朝〔二〕；自卿大夫以下，合官職於外朝，合家事於内朝；寢門之内，婦人治其職焉。上下同之。夫外朝，子將業君之官職焉；内朝，子將庀季氏之政焉，皆非吾所敢言也。」康子嘗至，敬姜闞門而與之言，皆不逾閾〔三〕。祭悼子，康子與焉，酢不受，徹俎不讌，宗不具不繹，繹不盡飲則退〔三〕。仲尼謂敬姜别於男女之禮矣。詩曰：「女也不爽。」此之謂也。

頌曰：文伯之母，號曰敬姜。通達知禮，德行光明。匡子過失，教以法理。仲尼賢焉，列爲慈母。

【補注】

〔一〕號戴己　姜與己不同姓，此誤耳。

〔二〕結絲紩絶　絲，當作「係」，見呂覽。夫子曰：韓非作「韈繫解，因自結」，證知「紩」即「韈」字。

玉篇「韈」亦作「袜」。此作「絉」，俱或體字也。吕覽又言「勉而自爲係」，此傳作「俯而自申之」，知「勉」又「俛」字之譌矣。

〔三〕黄耄倪齒　「黄髮兒齒」見詩，與此義同。

〔四〕引衽攘捲　捲，亦作「卷」，又與「拳」同。拳，手臂也。淮南子曰：「短袂攘卷。」

〔五〕治國之要盡在經矣　此以經緯喻治理也。以下當有成文，今未見所出。

〔六〕物者所以治蕪與莫也故物可以爲都大夫　蕪，如絲纇之屬也。莫，與「膜」同。内則注云：「皮肉之上魄莫也。」

〔七〕持交而不失出入不絶者捆也捆可以爲大行人也　捆，蓋如今之梭。

〔八〕推而往引而來者綜也綜可以爲閞内之師　綜者，持絲交也。交之言爻，機綜往來，絲縷相持，形如爻也。閞音皮變切，門上木名。閞亦内外交之處也。

〔九〕組織地德　國語「組織」作「祖習」，古字通借。此蓋作「祖識」，因字形相涉，遂誤作「組織」。

〔一〇〕宣敬民事　國語「敬」作「序」。序，與「敘」同。「敘」、「敬」亦字形之誤。初學記引作「日中考正敘人事」，可知「敬」字誤矣。

〔一一〕少采夕月　初學記引曹大家注曰：「少采，降之采也。以秋分祀夕月，以迎陰氣也。」今按：曹注

「降」下疑有脱文。

〔一二〕晝考其國　國語「國」下有「職」字，此脱。

〔一三〕晝而講隸　隸，當作「肄」。肄，習也。國語作「貫」，貫，亦習也。

〔一四〕夜而討過無憾　討，國語作「計」。然作「討」者是也。左傳「日討國人」、「日討軍實」是其義。

〔一五〕無自以怠　自，國語作「日」。然作「自」亦通。

〔一六〕則士之妻　則，當作「列」。列士，上士也。

〔一七〕其何以辟　國語「辟」上有「避」字，此脱。

〔一八〕魯大夫辭而復之　國語「大夫」作「夫人」。

〔一九〕二三婦之辱共祀先祀者　「先」上「祀」字衍。

〔二〇〕毋陷膺　國語「陷」作「掐」，注云：「掐，叩也。」

〔二一〕合民事於內朝　國語作「合民事於外朝，合神事於內朝」，此脱。

〔二二〕敬姜闖門而與之言皆不踰閾　闖，闢也。門，寢門也。踰，過也。閾，門限也。

〔二三〕繹不盡飲則退　繹，賓尸之祭也。國語「飲」作「飫」。飫，燕食也。不盡飲，恐醉飽失儀。

子發母
楚子發

楚子發母

楚將子發之母也〔一〕。子發攻秦，絶糧，使人請於王，因歸問其母。母問使者曰：「士卒得無恙乎？」對曰：「士卒并分菽粒而食之。」又問：「將軍得無恙乎？」對曰：「將軍朝夕芻豢黍粱。」子發破秦而歸，其母閉門而不内，使人數之曰：「子不聞越王句踐之伐吴？客有獻醇酒一器〔二〕，王使人往江之上流〔三〕，使士卒飲其下流，味不及加美〔四〕，而士卒戰自五也。異日，有獻一囊糗糒者〔五〕，王又以賜軍士，分而食之，甘不踰嗌〔六〕，而戰自十也。今子爲將，士卒并分菽粒而食之，子獨朝夕芻豢黍粱，何也？詩不云乎：『好樂無荒，良士休休。』言不失和也。夫使人入於死地，而自康樂於其上〔七〕，雖有以得勝，非其術也。子非吾子也，無入吾門！」子發於是謝其母，然後内之。君子謂子發母能以教誨。詩云：「教誨爾子，式穀似之。」此之謂也。

頌曰：子發之母，刺子驕泰。將軍稻粱，士卒菽粒〔八〕。責以無禮，不得人力。君子嘉焉，編於母德。

【補注】

〔一〕楚將子發之母也　子發名舍，不知其姓，見荀子及國策。藝文類聚引作「子反」，誤矣。

〔二〕子不聞越王句踐之伐吴客有獻醇酒一器　類聚引「吴」下有「邪」字，「器」下有「者」字，此脱。

〔三〕王使人往江之上流　類聚引「往」作「注」，此誤。

〔四〕味不及加美　「及」字衍也。類聚引「美」作「喙」，此誤。

〔五〕有獻一囊糗糒者　糗糒，乾餱也。

〔六〕甘不踰嗌　嗌，咽也。

〔七〕夫使人入於死地而自康樂於其上　文選注引作「康樂於上」，無「自」、「其」二字，又引曹大家注曰：「軍事險危，故爲死地也。」

〔八〕頌士卒菽粒　「粒」、「泰」非韻，疑「菽粒」當作「蔬糲」。

鄒孟軻母

鄒孟軻之母也，號孟母〔一〕。其舍近墓。孟子之少也，嬉遊爲墓間之事〔二〕，踴躍築埋。孟母曰：「此非吾所以居處子〔三〕。」乃去，舍市傍。其嬉戲爲賈人衒賣之事。孟母又曰：「此非吾所以居處子也。」復徙，舍學宮之傍。其嬉遊乃設俎豆，揖讓進退。孟母曰：「真可以居吾子矣！」遂居。及孟子長，學六藝〔四〕，卒成大儒之名。君子謂孟母善以漸化。詩云：「彼姝者子，何以予之？」此之謂也。孟子之少也，既學而歸，孟母方績〔五〕，問曰：「學所至矣〔六〕？」孟子曰：「自若也。」孟母以刀斷其織。孟子懼而問其故，孟母曰：「子之廢學，若吾斷斯織也。夫君子學以立名，問則廣知，是以居則安寧，動則遠害。今而廢之，是不免於廝役，而無以離於禍患也。何以異於織績而食，中道廢而不爲，寧能衣其夫子而長不乏糧食哉？女則廢其所食，男則墮於修德，不爲竊盜，則爲虜役矣。」孟子懼，旦夕勤學不息，師事子思〔七〕，遂成天下之名儒。君子謂孟母知爲人母之道矣。詩云：「彼姝者子，何以告之？」此之謂也。孟子既娶，將入私室，其婦袒而在内，孟子不悦，遂去不入。婦辭孟母而求去，曰：「妾聞夫婦之道，私室不與焉。今者妾竊墮在室，而夫子見妾，勃然不悦，是客妾也。婦人之義，蓋不客宿。請歸父母。」於是孟母召孟子而謂之曰：「夫禮，將入門，問孰存，所以致敬也；將上堂，聲必揚，所以戒人也；將入户，視必下，恐見人過也。今子不察於禮，而責禮於人，不亦遠乎？」孟子謝，遂留其婦。君子謂孟母知禮

书院
孟母

而明於姑母之道。孟子處齊，而有憂色。孟母見之曰：「子若有憂色，何也？」孟子曰：「不敏〔八〕。」異日閒居，擁楹而嘆。孟母見之曰：「鄉見子有憂色，曰『不也』。今擁楹而嘆，何也？」孟子對曰：「軻聞之：君子稱身而就位，不爲苟得而受賞，不貪榮祿。諸侯不聽，則不達其上。聽而不用，則不踐其朝。今道不用於齊，願行而母老，是以憂也。」孟母曰：「夫婦人之禮，精五飯，羃酒漿〔九〕，養舅姑，縫衣裳而已矣。故有閨内之修，而無境外之志。易曰：『在中饋，无攸遂。』詩曰：『無非無儀，惟酒食是議。』以言婦人無擅制之義，而有三從之道也。故年少則從乎父母，出嫁則從乎夫，夫死則從乎子，禮也。今子成人也，而我老矣。子行乎子義，吾行乎吾禮。」君子謂孟母知婦道。詩云：「載色載笑，匪怒匪教〔一〇〕。」此之謂也。

頌曰：孟子之母，教化列分。處子擇藝，使從大倫。子學不進，斷機示焉。子遂成德，爲當世冠。

【補注】

〔一〕鄒孟軻之母也號孟母　文選注引「鄒」上有「孟軻母者」四字，「號」下有「曰」字，此俱脱之。

〔二〕嬉遊爲墓間之事　文選注引「遊」作「戲」。

〔三〕此非吾所以居處子　文選景福殿賦注引「子」下有「也」字。閒居賦注引「居處子」作「居子處」。

〔四〕及孟子長學六藝　古以六經爲六藝。

〔五〕孟母方績　「績」當作「織」，字之誤也。韓詩外傳正作「織」，而文與此異。

〔六〕學所至矣　「所」疑當作「何」，或「所」上脱「何」字。太平御覽引「所」上有「何」字，可證。

〔七〕師事子思　史記云：「受業子思之門人。」王劭以爲「人」字衍。

〔八〕孟子曰不敏　据下文，「敏」當作「也」。或作「敢」，字形之誤耳。

〔九〕精五飰羃酒漿　「飰」亦「飯」字耳。羃，用巾覆之。

〔一〇〕匪怒匪教　匪教，毛詩作「伊教」，此蓋與「匪怒」相涉而誤也。

魯之母師

母師者，魯九子之寡母也。臘日休作者，歲祀禮事畢，悉召諸子，謂曰：「婦人之義，非有大故，不出夫家。然吾父母家多幼稚，歲時禮不理〔一〕。吾從汝謁往監之〔二〕。」諸子皆頓首許諾。又召諸婦曰：「婦人有三從之義，而無專制之行。少繫父母，長繫於夫，老繫於子。今諸子許我歸視私家，雖踰正禮，願與少子俱，以備婦人出入之制。諸婦其慎房户之守，吾夕而反。」於是使少子僕，歸辨家事〔三〕。天陰，還失早〔四〕，至閭外而止〔五〕，夕而入。魯大夫從臺上見而怪之，使人閒視其居處，禮節甚修，家事甚理。使者還，以狀對。於是大夫召母而問之曰：「一日從北方來，至閭而止良久，夕乃入。吾不知其故，甚怪之，是以問也。」母對曰：「妾不幸早失夫，獨與九子居。臘月〔六〕，禮畢事閒〔七〕，從諸子謁歸視私家，與諸婦孺子期夕而反。妾恐其酺醵醉飽〔八〕，人情所有也。妾反大早，不敢復返，故止閭外，期盡而入。」大夫美之，言於穆公，賜母尊號曰母師。使明請夫人，夫人、諸姬皆師之。君子謂母師能以身教。夫禮，婦人未嫁則以父母爲天，既嫁則以夫爲天。其喪父母，則降服一等，無二天之義也〔九〕。詩云：「出宿于濟，飲餞于禰。女子有行，遠父母兄弟〔一〇〕。」

頌曰：九子之母，誠知禮經。謁歸還反，不揜人情。德行既備，卒蒙其榮。魯君賢之，號以尊名。

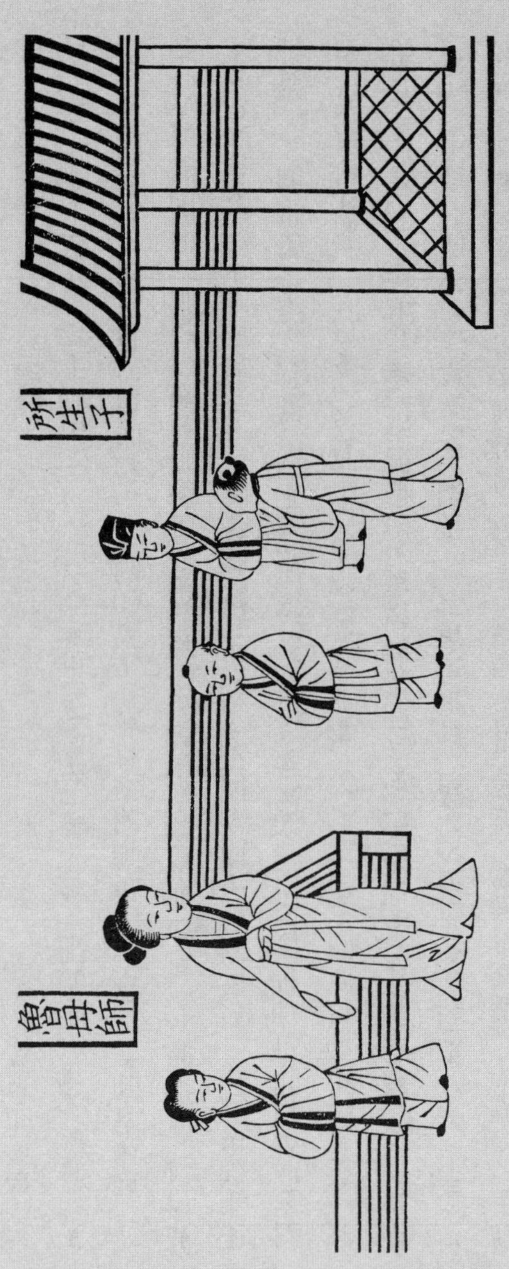
所生子
魯母師

【補注】

〔一〕歲時禮不理　北堂書鈔引「禮」作「祀」。

〔二〕吾從汝謁往監之　謁，告也。監，視也。

〔三〕歸辨家事　辨，具也。俗字作「辦」。

〔四〕天陰還失早　書鈔「失」作「太」。

〔五〕至閭外而止　閭，里門也。天陰，還太早，故止於里門外，不欲令家人見也。

〔六〕臘月　「月」當作「日」。臘者，祭名。謂獵取禽獸以祭也。魯人獵較，蓋其俗尚使然。

〔七〕禮畢事閒　書鈔引「禮」作「祀」，無「事」字。

〔八〕酺醵醉飽　酺醵，合錢沽酒會飲也。

〔九〕無二天之義也　天，君也。婦人以夫爲君，無二尊也。

〔一〇〕遠父母兄弟　句下脱「此之謂也」四字。

前妻五子
魏芒母
後三子

魏芒慈母

魏芒慈母者，魏孟陽氏之女，芒卯之後妻也。有三子。前妻之子有五人，皆不愛慈母。遇之甚異〔一〕，猶不愛。慈母乃命其三子不得與前妻子齊衣服飲食，起居進退甚相遠，前妻之子猶不愛。於是，前妻中子犯魏王令當死，慈母憂戚悲哀，帶圍減尺，朝夕勤勞，以救其罪。人有謂慈母曰：「人不愛母至甚也，何爲勤勞憂懼如此？」慈母曰：「如妾親子，雖不愛妾，猶救其禍而除其害，獨於假子而不爲，何以異於凡母？其父爲其孤也，而使妾爲其繼母。繼母如母，爲人母而不能愛其子，可謂慈乎？親其親而偏其假，可謂義乎？不慈且無義，何以立於世！彼雖不愛，妾安可以忘義乎？」遂訟之。魏安釐王聞之，高其義，曰：「慈母如此，可不救其子乎〔二〕！」乃赦其子，復其家〔三〕。自此五子親附慈母，雍雍若一。慈母以禮義之漸率導八子，咸爲魏大夫卿士，各成於禮義。君子謂慈母一心。詩云：「尸鳩在桑，其子七兮。淑人君子，其儀一兮。其儀一兮，心如結兮。」言心之均一也。尸鳩以一心養七子，君子以一儀養萬物。一心可以事百君，百心不可以事一君。此之謂也。

頌曰：芒卯之妻，五子後母。慈惠仁義，扶養假子。雖不吾愛，拳拳若親。繼母若斯，亦誠可尊。

【補注】

〔一〕遇之甚異　遇，接見也。言接見五子，異其禮數，不與己子同。

〔二〕可不救其子乎　「救」當作「赦」，字形之誤。

〔三〕復其家　除其徭役也。

齊田稷母

齊田稷子之母也。田稷子相齊，受下吏之貨金百鎰〔一〕，以遺其母。母曰：「子爲相三年矣，禄未嘗多若此也，豈修士大夫之費哉？安所得此？」對曰：「誠受之於下。」其母曰：「吾聞士修身潔行，不爲苟得；竭情盡實，不行詐僞。非義之事，不計於心；非理之利，不入於家。言行若一，情貌相副。今君設官以待子，厚禄以奉子，言行則可以報君。夫爲人臣而事其君，猶爲人子而事其父也。盡力竭能，忠信不欺，務在效忠，必死奉命，廉潔公正，故遂而無患〔二〕。今子反是，遠忠矣。夫爲人臣不忠，是爲人子不孝也。不義之財，非吾有也。不孝之子，非吾子也。子起。」田稷子慙而出，反其金，自歸罪於宣王，請就誅焉。宣王聞之，大賞其母之義，遂舍稷子之罪，復其相位，而以公金賜母。君子謂稷母廉而有化。詩曰：「彼君子兮，不素飧兮。」無功而食禄，不爲也，況於受金乎？

頌曰：田稷之母，廉潔正直。責子受金，以爲不德。忠孝之事，盡材竭力。君子受禄，終不素食。

【補注】

〔一〕受下吏之貨金　「貨」疑「貸」字之誤。蓋稷以俸禄所餘，稱貸於人而收其息，故韓詩外傳田子謂此金「所受俸禄也」。若受下吏貨賂而得金，是貪墨之人，豈稱賢母乃有是子也？今以其母斷之，知事必不然矣。

〔二〕故遂而無患　遂，猶通達也。

田稷
田稷母

補 魯師氏母

魯師氏之母齊姜戒其女云：「平旦纚笄而朝〔一〕，則有君臣之嚴。」詩齊風雞鳴正義引。

【補注】

〔一〕纚笄而朝　士昏禮注：「纚，縚髮。纚廣充幅，長六尺。笄，今時簪也。」

列女傳補注卷一

列女傳補注卷二

福山 王照圓

賢明傳

周宣姜后

周宣姜后者，齊侯之女也〔一〕。賢而有德，事非禮不言，行非禮不動。宣王嘗早卧晏起，后夫人不出房。姜后脱簪珥〔二〕，待罪於永巷〔三〕，使其傅母通言於王曰：「妾之不才，妾之淫心見矣，至使君王失禮而晏朝，以見君王樂色而忘德也。夫苟樂色，必好奢窮欲，亂之所興也。原亂之興，從婢子起，敢請婢子之罪。」王曰：「寡人不德，實自生過，非夫人之罪也。」遂復姜后而勤於政事，早朝晏退，卒成中興之名。君子謂姜后善於威儀而有德行。夫禮，后夫人御於君，以燭進，至於君所，滅燭，適房中，脱朝服，衣褻服，然後進御于君。雞鳴，樂師擊鼓以告旦，后夫人鳴佩而去〔四〕。詩曰：「威儀抑抑，德音秩秩。」又

賢明傳
姜后
周宣王
傅母言事

曰：「隰桑有阿，其葉有幽。既見君子，德音孔膠。」夫婦人以色親，以德固。姜氏之德行，可謂孔膠也。

頌曰：嘉兹姜后，厥德孔賢。由禮動作，匡配周宣。引過推讓，宣王悟焉。夙夜崇道，爲中興君。

【補注】

〔一〕齊侯之女也　文選注引「女」下有「宣王之后」四字，今脱去之。

〔二〕姜后脱簪珥　簪，笄也。珥，瑱也。後漢書皇后紀注引「姜后」下有「既出迺」三字。文苑傳引無「既出」二字，有「乃」字，此復脱去之。又「早卧晏起」句，兩引俱作「夜卧晏起」，文選注亦同。此作「早卧」，非。

〔三〕待罪於永巷　文選景福殿賦注引，注云：「永巷，堂塗是也。」今按：永巷，漢制以爲宫中署名，周則未聞，故曹注以爲堂塗耳。

〔四〕后夫人鳴佩而去　書大傳「佩」下有「玉」字，此脱。

衛姬
齊桓公

齊桓衛姬

衛姬者[一]，衛侯之女，齊桓公之夫人也。桓公好淫樂，衛姬爲之不聽鄭衛之音[二]。桓公用管仲、甯戚，行霸道，諸侯皆朝，而衛獨不至。桓公與管仲謀伐衛。罷朝入閨[三]，衛姬望見桓公，脱簪珥，解環佩，下堂再拜，曰：「願請衛之罪。」桓公曰：「吾與衛無故，姬何請邪？」對曰：「妾聞之，人君有三色：顯然喜樂、容貌淫樂者，鐘鼓酒食之色；寂然清静、意氣沈抑者，喪禍之色；忿然充滿、手足矜動者，攻伐之色。今妾望君舉趾高，色厲音揚，意在衛也[四]。是以請也。」桓公許諾。明日臨朝，管仲趨進曰：「君之涖朝也，恭而氣下，言則徐，無伐國之志，是釋衛也。」桓公曰：「善。」乃立衛姬爲夫人，號管仲爲仲父。曰：「夫人治内，管仲治外。寡人雖愚，足以立於世矣。」君子謂衛姬信而有行。詩曰：「展如之人兮，邦之媛也。」

頌曰：齊桓衛姬，忠款誠信。公好淫樂，姬爲修身。望色請罪，桓公加焉[五]。厥使治内，立爲夫人。

【補注】

〔一〕衛姬者　文選注引作「齊侯衛姬者」，此脱首二字。

〔二〕衛姬爲之不聽鄭衛之音　文選注引曹大家曰：「衛國作淫佚之音，衛姬疾桓公之好，是故不聽，以厲桓公也。」

〔三〕罷朝入閨　閨，宮中小門也。

〔四〕舉趾高色厲音揚意在衛也　吕覽作：「足高氣彊，有伐國之志也。見妾而有動色，伐衛也。」此有闕脱而意未完善，宜補正之。

〔五〕頌桓公加焉　加，當作「嘉」。

晉文齊姜

齊姜，齊桓公之宗女，晉文公之夫人也。初，文公父獻公納驪姬，譖殺太子申生。文公號公子重耳，與舅犯奔狄。適齊，齊桓公以宗女妻之，遇之甚善，有馬二十乘，將死於齊，曰：「人生安樂而已，誰知其他？」子犯知文公之安齊也，欲行而患之〔一〕，與從者謀於桑下，蠶妾在焉。妾告姜氏，姜殺之，而言於公子曰：「從者將以子行，聞者吾已除之矣。公子必從，不可以貳〔二〕，貳無成命。自子去晉，晉無寧歲。天未亡晉，有晉國者，非子而誰？子其勉之。上帝臨子，貳必有咎。」公子曰：「吾不動，必死於此矣。」姜曰：「不可。周詩曰：『莘莘征夫〔三〕，每懷靡及。』夙夜征行，猶恐無及，況欲懷安，將何及矣。人不求及，其能及乎？亂不長世，公子必有晉。」公子不聽。姜與舅犯謀，醉，載之以行。酒醒，公子以戈逐舅犯，曰：「若事有濟則可，無所濟，吾食舅氏之肉豈有饜哉！」遂行，過曹、宋、鄭、楚而入秦。秦穆公乃以兵内之於晉，晉人殺懷公而立公子重耳，是爲文公。迎齊姜以爲夫人。遂伯天下，爲諸侯盟主。君子謂齊姜潔而不瀆，能育君子於善〔四〕。詩曰：「彼美孟姜，可與寤言〔五〕。」此之謂也。

頌曰：齊姜公正，言行不怠。勸勉晉文，反國無疑。公子不聽，姜與犯謀。醉而載之，卒成霸基。

【補注】

〔一〕欲行而患之　患公不肯行。

晉文公
齊姜

〔二〕不可以貳　貳，疑也。疑其不能有晉國。

〔三〕莘莘征夫　莘莘，衆多貌。毛詩作「駪駪」，此俱本國語。

〔四〕能育君子於善　育，謂養長而成就之。

〔五〕彼美孟姜可與寤言　此本二詩，傳以意合之。「寤」與「晤」同。

秦穆公姬

穆姬者，秦穆公之夫人〔一〕，晉獻公之女，太子申生之同母姊，與惠公異母。賢而有義。獻公殺太子申生，逐羣公子。惠公號公子夷吾，奔梁。及獻公卒，得因秦立。始即位，穆姬使納羣公子曰：「公族者，君之根本。」惠公不用，又背秦賂。晉饑，請粟於秦，秦與之。秦饑，請粟於晉，晉不與。秦遂興兵與晉戰，獲晉君以歸。秦穆公曰：「掃除先人之廟，寡人將以晉君見。」穆姬聞之，乃與太子罃、公子弘與簡璧〔二〕，衰絰履薪以迎，且告穆公曰：「上天降災〔三〕，使兩君匪以玉帛相見，乃以興戎。婢子娣姒不能相教〔四〕，以辱君命。晉君朝以入，婢子夕以死。惟君其圖之。」公懼，乃舍諸靈臺。大夫請以入，公曰：「獲晉君以

晉惠公
穆姬子
秦穆姬

功歸，今以喪歸，將焉用？」遂改館晉君，饋以七牢而遣之。穆姬死，穆姬之弟重耳入秦，秦送之晉，是爲晉文公。太子罃思母之恩而送其舅氏也，作詩曰：「我送舅氏，曰至渭陽。何以贈之？路車乘黄。」君子曰：「慈母生孝子。」詩云：「敬慎威儀，維民之則。」穆姬之謂也。

頌曰：秦穆夫人，晉惠之姊。秦執晉君，夫人流涕。痛不能救，乃將赴死。穆公義之，遂釋其弟。

【補注】

〔一〕秦穆公之夫人　「人」下脱「也」字。

〔二〕與簡璧　「與」下脱「女」字。

〔三〕上天降災　以下三十餘字，左傳釋文及正義俱云古本無，後人所加。然此復有之，未知出何書也。

〔四〕婢子娣姒不能相教　娣姒，猶弟姊也。娣，謂惠公。姒，穆姬自謂。史記作「妾兄弟不能相救」。

楚莊樊姬

樊姬，楚莊王之夫人也〔一〕。莊王即位，好狩獵〔二〕。樊姬諫不止，乃不食禽獸之肉，王改過〔三〕，勤於政事。王嘗聽朝罷晏，姬下殿迎曰〔四〕：「何罷晏也，得無飢倦乎？」王曰：「與賢者語，不知飢倦也。」姬曰：「王之所謂賢者何也〔五〕？」曰：「虞丘子也。」姬掩口而笑。王曰：「姬之所笑何也？」曰：「虞丘子賢則賢矣，未忠也。」王曰：「何謂也？」對曰：「妾執巾櫛十一年〔六〕，遣人之鄭衛，求美人進於王。今賢於妾者二人，同列者七人，妾豈不欲擅王之愛寵哉？妾聞堂上兼女〔七〕，所以觀人能也。妾不能以私蔽公，欲王多見知人能也。今虞丘子相楚十餘年，所薦非子弟則族昆弟〔八〕，未聞進賢退不肖，是蔽君而塞賢路。知賢不進是不忠，不知其賢是不智也。妾之所笑，不亦可乎？」王悅。明日，王以姬言告虞丘子。丘子避席，不知所對。於是避舍〔九〕，使人迎孫叔敖而進之，王以爲令尹。治楚三年，而莊王以霸。楚史書曰：「莊王之霸，樊姬之力也。」詩曰：「大夫夙退，無使君勞。」其「君」者，謂女君也。又曰：「温恭朝夕，執事有恪。」此之謂也。

頌曰：樊姬謙讓，靡有嫉妒。薦進美人，與己同處。非刺虞丘，蔽賢之路。楚莊用焉，功業遂伯〔一〇〕。

【補注】

〔一〕樊姬楚莊王之夫人也　文選注引「樊姬」上有「楚莊王」三字，彼衍「王」字，此脱「楚莊」二字。

〔二〕好狩獵　文選注引「獵」下有「畢弋」二字。

〔三〕王改過　文選注引「王」上有「三年」二字，「改」下無「過」字。

〔四〕姬下殿　古人所居，通謂之殿。

〔五〕王之所謂賢者何也　文選注引「賢者」下有「諸侯之客與將國中士也」十字，而無「何也」二字。

〔六〕妾執巾櫛　巾以拂拭，櫛以理髮。文選注引作「妾幸得充後宫」，自此以下文字詳畧互異，而大意則同。

〔七〕妾聞堂上兼女　「兼」字疑誤。

〔八〕所薦非子弟　「弟」字與下句重複，文選注引「弟」作「孫」，是也。

〔九〕於是避舍　舍，所居也。欲辭相位，故避之。

楚莊王
樊姬

〔一〇〕頌功業遂伯　「伯」與「霸」古字通。與「處」、「路」韻。

周南之妻

周南之妻者，周南大夫之妻也〔一〕。大夫受命平治水土，過時不來，妻恐其懈於王事，蓋與其鄰人陳素所與大夫言〔二〕：「國家多難，惟勉强之，無有譴怒，遺父母憂。昔舜耕於歷山，漁於雷澤，陶於河濱。非舜之事，而舜爲之者，爲養父母也。家貧親老，不擇官而仕。親操井臼，不擇妻而娶。故父母在，當與時小同，無虧大義，不罹患害而已〔三〕。夫鳳凰不離於蔚羅〔四〕，麒麟不入於陷穽，蛟龍不及於枯澤。鳥獸之智，猶知避害，而況於人乎？生於亂世，不得道理，而迫於暴虐〔五〕，不得行義，然而仕者，爲父母在故也。」乃作詩曰：「魴魚赬尾，王室如毁〔六〕。雖則如毁，父母孔邇。」蓋不得已也。君子以是知周南之妻而能匡夫也。

頌曰：周大夫妻，夫出治土。維戒無怠，勉爲父母。凡事遠周，爲親之在。作詩魴魚，以敕君子。

周南大夫
周南妻

【補注】

〔一〕周南大夫　周南，韓詩云：「在南郡、南陽之閒。」大夫者，失其名。

〔二〕陳素所與大夫言　素，猶平日也。所與大夫言，即匡正其夫之詞。

〔三〕不罹患害　罹，猶遭也。

〔四〕鳳凰不離於蔚羅　離，亦「罹」也。蔚，亦「罻」也㊀。俱古字通。

〔五〕而迫於暴虐　「而」字衍。下云「而能匡夫」，「而」字亦衍。

〔六〕王室如毀　毀，缺壞也。毛詩作「燬」。此蓋魯詩也。言王室多難，如將毀缺，不堅完也。

宋鮑女宗

女宗者，宋鮑蘇之妻也。養姑甚謹。鮑蘇仕衛三年，而娶外妻。女宗養姑愈敬，因往來者請問其夫，賂遺外妻甚厚。女宗姒謂曰〔一〕：「可以去矣。」女宗曰：「何故？」姒曰：「夫人既有所好〔二〕，子何留乎？」女宗曰：「婦人一醮不改〔三〕，夫死不嫁。執麻枲，治絲繭，

㊀罻，底本原誤作「蔚」，據萬有文庫本改。

女宗
女宗姒
宗鲍
外妻

織紝組紃〔四〕，以供衣服，以事夫、室澈〔五〕。漠酒醴〔六〕，羞饋食〔七〕，以事舅姑。以專一爲貞，以善從爲順，豈以專夫室之愛爲善哉？若其以淫意爲心，而扼夫室之好〔八〕，吾未知其善也。夫禮，天子十二〔九〕，諸侯九，卿大夫三，士二。今吾夫誠士也。有二，不亦宜乎？且婦人有七見去〔一〇〕，夫無一去義。七去之道，妒正爲首，淫僻、竊盜、長舌、驕侮、無子、惡病皆在其後。吾姒不教吾以居室之禮，而反欲使吾爲見棄之行，將安所用此？」遂不聽，事姑愈謹。宋公聞之，表其閭，號曰女宗〔一一〕。君子謂女宗謙而知禮。詩云：「令儀令色，小心翼翼。故訓是式〔一二〕，威儀是力。」此之謂也。

頌曰：宋鮑女宗，好禮知理。夫有外妻，不爲變己。稱引婦道，不聽其姒。宋公賢之，表其閭里。

【補注】

〔一〕女宗姒　婦人謂長婦爲姒，亦謂姊爲姒也。

〔二〕夫人既有所好　夫人，謂其夫也。所好，謂外妻。

〔三〕一醮不改　醮，以酒爲禮也。

〔四〕執麻枲治絲繭織紝組紃　三句本内則文。繭，俗「繭」字。紝織，繒帛者。組，綬屬也。紃，條也。皆婦人所有事。

〔五〕以事夫室漵　此讀當以「事夫」爲句，「室漵」爲句。漵，潔清也。室内當須勤洒掃。

〔六〕漠酒醴　漠，與「羃」同。孟子母云「羃酒漿」也。

〔七〕羞饋食　羞，進也。饋食，熟食也。

〔八〕若以其淫意爲心而扼夫室之好㊀　淫意，當作「淫慝」。扼，把持也。

〔九〕天子十二　禮，天子一娶十二女。此句上下疑有闕脱。

〔一〇〕婦人有七見去　去，爲夫所出也。七去之條，見大戴記。

〔一一〕號曰女宗　宗，尊也。

〔一二〕故訓是式　故，古也。毛詩作「古」。

㊀以其，正文作「其以」，疑此誤倒。

晉趙衰妻

晉趙衰妻者，晉文公之女也。號趙姬。初，文公爲公子時，與趙衰奔狄，狄人入其二女叔隗、季隗於公子，公以叔隗妻趙衰，生盾。及反國，文公以其女趙姬妻趙衰，生原同、屏括、樓嬰。趙姬請迎盾與其母而納之，趙衰辭而不敢。姬曰：「不可。夫得寵而忘舊，舍義；好新而嫚故，無恩；與人勤於隘厄，富貴而不顧，無禮。君棄此三者〔一〕，何以使人？雖妾亦無以侍執巾櫛。詩不云乎：『采葑采菲，無以下體。德音莫違，及爾同死。』與人同寒苦，雖有小過，猶與之同死而不去，况於安新忘舊乎？又曰：『讌爾新婚，不我屑以。』蓋傷之也。君其逆之，無以新廢舊。」趙衰許諾，乃逆叔隗與盾來。姬以盾爲賢，請立爲嫡子，使三子下之。君以叔隗爲内婦〔二〕，姬親下之。及盾爲正卿，思趙姬之讓恩，請以姬之中子屏括爲公族大夫，曰：「君，姬氏之愛子也。微君姬氏，則臣狄人也，何以至此！」成公許之。屏括遂以其族爲公族大夫。君子謂趙姬恭而有讓。詩曰：「温温恭人，維德之基。」趙姬之謂也。

頌曰：趙衰姬氏，制行分明。身雖尊貴，不妒偏房。躬事叔隗，子盾爲嗣。君子美之，厥行孔備。

叔隗
趙盾
趙衰
趙姬

【補注】

〔一〕得寵而忘舊句舍義句好新而嫚故句無恩句與人勤於隘厄句富貴而不顧句無禮句君棄此三者　三者謂禮、恩、義。

〔二〕以叔隗爲内婦　婦，當作「子」，見左傳。

陶荅子妻

陶大夫荅子妻也。荅子治陶三年，名譽不興，家富三倍。其妻數諫，不用。居五年，從車百乘。歸休〔一〕，宗人擊牛而賀之，其妻獨抱兒而泣。姑怒曰：「何其不祥也！」婦曰：「夫子能薄而官大，是謂嬰害〔二〕；無功而家昌，是謂積殃。昔楚令尹子文之治國也，家貧國富〔三〕，君敬民戴，故福結於子孫，名垂於後世。今夫子不然，貪富務大，不顧後害。妾聞南山有玄豹，霧雨七日而不下食者，何也？欲以澤其毛而成文章也〔四〕，故藏而遠害。犬彘不擇食以肥其身，坐而須死耳。今夫子治陶，家富國貧，君不敬，民不戴〔五〕，敗亡之徵見矣。願與少子俱脱。」姑怒，遂棄之。處期年，荅子之家果以盜誅〔六〕，唯其母老以免。婦

宗人衆
陶荅子
荅子妻
荅子母

乃與少子歸養姑，終卒天年。君子謂荅子妻能以義易利，雖違禮求去，終以全身復禮，可謂遠識矣。詩曰：「百爾所思，不如我所之。」此之謂也。

頌曰：荅子治陶，家富三倍。妻諫不聽，知其不改。獨泣姑怒，送厥母家。荅子逢禍，復歸養姑。

【補注】

〔一〕歸休　休，假也。謂請假歸而休沐也。

〔二〕是謂嬰害　嬰，猶「觸」也。

〔三〕家貧國富　令尹自毀其家，以紓楚國之難，見左傳。

〔四〕欲以澤其毛　文選注及初學記引「毛」上有「衣」字，此脱去之。衣毛者，脊背上毛，如人之有衣也。

〔五〕君不敬民不戴　夫子曰：文選秋風辭及與朝歌令吴質書注竝引陶荅子妻曰：「樂極必哀來。」一無「來」字。疑在此下，今脱去之。且篇内多有韻之文，「戴」、「來」亦相韻也。

〔六〕荅子之家果以盗誅　盗，謂荅子也。大學曰：「寧有盗臣。」蓋君誅盗藏之罪，并及其家，唯宥其母，以其年老，得不誅也。

柳下惠妻

魯大夫柳下惠之妻也[一]。柳下惠處魯，三黜而不去，憂民救亂。妻曰：「無乃瀆乎[二]？君子有二恥：國無道而貴，恥也；國有道而賤，恥也。今當亂世，三黜而不去，亦近恥也。」柳下惠曰：「油油之民[三]，將陷於害，吾能已乎？且彼爲彼，我爲我，彼雖裸裎，安能汙我？」油油然與之處[四]，仕於下位。柳下既死，門人將誄之[五]。妻曰：「將誄夫子之德邪？則二三子不如妾知之也。」乃誄曰：「夫子之不伐兮，夫子之不竭兮[六]，夫子之信誠而與人無害兮。屈柔從俗，不强察兮[七]。蒙恥救民，德彌大兮。雖遇三黜，終不蔽兮[八]。愷悌君子，永能厲兮[九]。嗟乎惜哉，乃下世兮。庶幾遐年，今遂逝兮。嗚呼哀哉，魂神泄兮[一〇]。夫子之謚，宜爲惠兮。」門人從之以爲誄，莫能竄一字[一一]。君子謂柳下惠妻能光其夫矣[一二]。詩曰：「人知其一，莫知其他。」此之謂也。

頌曰：下惠之妻，賢明有文。柳下既死，門人必存[一三]。將誄下惠，妻爲之辭。陳列其行，莫能易之。

【補注】

〔一〕柳下惠　姓展，名獲，字禽，居柳下，而謚惠也。

〔二〕無乃瀆乎　瀆，與「黷」同，握持垢汙也。易曰「再三瀆」，古文作「黷」。

〔三〕油油之民　油油，猶「悠悠」也。又與「滔滔」形聲相近。論語云：「滔滔者天下皆是也。」此作「油油」，或與下文相涉而誤。

〔四〕油油然與之處　孟子作「由由然與之偕」。

〔五〕門人將誄之　誄，纍也。纍列其德行而爲謚也。

〔六〕夫子之不伐兮夫子之不竭兮　不伐，言其自謙下也。不竭，言其德器深也。

〔七〕屈柔從俗不强察兮　察，清也。言屈身和柔以從俗，不强爲潔清也。故曰「彼安能汙我」。

〔八〕雖遇三黜終不蔽兮　蔽，掩也。言德彌光大，雖屢被黜，終不能掩蔽之。

〔九〕愷悌君子永能厲兮　愷悌，樂易也。厲，摩厲也。

〔一〇〕魂神泄兮　泄，亦或作「洩」。詩云：「聊樂我魂。」魂，神也。言魂氣泄越，不可復招也。檀弓曰：「若魂氣則無不之也。」

〔一一〕莫能竄一字　言不能改易一字也。

門人
下惠妻
柳下惠棺

〔一二〕能光其夫矣　光，充廣也。能稱揚夫德，使之益廣大。

〔一三〕頌門人必存　存，在也。言致其省察恤問之也。

魯黔婁妻

魯黔婁先生之妻也〔一〕。先生死，曾子與門人往弔之。其妻出户，曾子弔之〔二〕。上堂，見先生之尸在牖下〔三〕，枕墼席稾〔四〕，緼袍不表〔五〕，覆以布被，手足不盡斂，覆頭則足見，覆足則頭見。曾子曰：「斜引其被則斂矣〔六〕。」妻曰：「斜而有餘，不如正而不足也。先生以不斜之故，能至於此。生時不邪，死而邪之，非先生意也。」曾子不能應，遂哭之曰：「嗟乎！先生之終也，何以爲謚？」其妻曰：「以康爲謚〔七〕。」曾子曰：「先生在時，食不充口〔八〕，衣不蓋形。死則手足不斂，旁無酒肉。生不得其美，死不得其榮，何樂於此而謚爲康乎？」其妻曰：「昔先生，君嘗欲授之政，以爲國相，辭而不爲，是有餘貴也。君嘗賜之粟三十鍾〔九〕，先生辭而不受，是有餘富也。彼先生者，甘天下之淡味，安天下之卑位，不戚戚於貧賤，不忻忻於富貴，求仁而得仁，求義而得義。其謚爲康，不亦宜乎？」曾子曰：

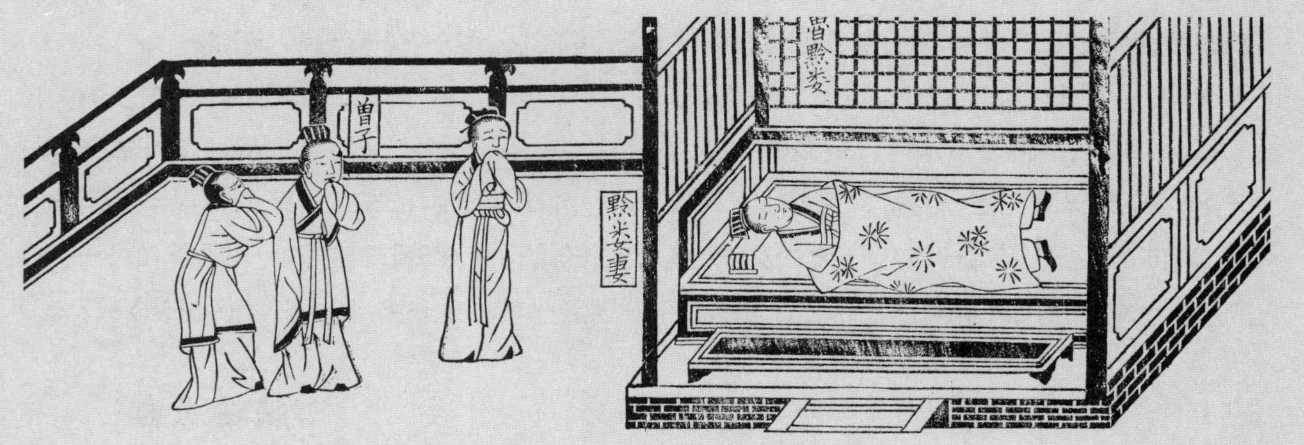
曾子
黔娄妻
黔娄

「唯斯人也，而有斯婦。」君子謂黔婁妻爲樂貧行道。詩曰：「彼美淑姬，可與寤言〔一〇〕。」此之謂也。

頌曰：黔婁既死，妻獨主喪。曾子弔焉，布衣褐衾〔一一〕。安賤甘淡，不求豐美〔一二〕。尸不揜蔽，猶謚曰康。

【補注】

〔一〕魯黔婁先生　黔婁，姓名也。同時齊有黔敖，蓋其族人。文選張景陽雜詩注引皇甫謐高士傳曰：「黔婁先生者，齊人也。」是先生亦齊人。此作「魯」，或誤耳。

〔二〕其妻出户曾子弔之　禮，婦人送迎不出門，見兄弟不踰閾。此出户，爲受弔也。弔，施於生者也。太平御覽引有「隱門而入，立于堂下，其妻出，衣褐袍」一十四字，在「曾子弔之」句上，爲今本所無。

〔三〕在牖下　禮，始死，遷尸於北牖下也。

〔四〕枕墼席稾　墼，土坚未燒也。稾，當作「稾」，其字從「禾」，禾稈也。

〔五〕緼袍不表　緼，舊絮也。袍，衣之有著者也。不表，御覽引作「無表」。

〔六〕斜引其被則斂矣　斜，與「邪」同。

〔七〕以康爲謚　康，樂也。

〔八〕食不充口　文選注引作「食不充虚」。

〔九〕君嘗賜之粟三十鍾　鍾，量器名也。釜十爲鍾。鍾，六斛四斗也。

〔一〇〕可與寤言　寤，與「晤」同，已見上。

〔一一〕頌布衣褐衾　「衾」字失韻，蓋「裳」字之誤。

〔一二〕不求豐美　「美」字失韻。

齊相御妻

齊相晏子僕御之妻也。號曰命婦。晏子將出，命婦窺其夫爲相御，擁大蓋，策駟馬，意氣洋洋，甚自得也。既歸，其妻曰〔一〕：「宜矣，子之卑且賤也。」夫曰：「何也？」妻曰：「晏子長不滿三尺〔二〕，身相齊國，名顯諸侯。今者吾從門閒觀其志氣，恂恂自下，思念深矣。今子身長八尺，乃爲之僕御耳。然子之意，洋洋若自足者，妾是以去也。」

其夫謝曰：「請自改，何如？」妻曰：「是懷晏子之智，而加以八尺之長也。夫躬仁義，事明主，其名必揚矣。且吾聞寧榮於義而賤，不虚驕以貴。」於是其夫乃深自責，學道謙遜，常若不足。晏子怪而問其故，具以實對。於是晏子賢其能納善自改，升諸景公，以爲大夫，顯其妻以爲命婦。君子謂命婦知善。故賢人之所以成者，其道博矣，非特師傅朋友相與切磋也，妃匹亦居多焉〔三〕。詩云：「高山仰止，景行行止。」言當常嚮爲其善也。

頌曰：齊相御妻，匡夫以道。明言驕恭，恂恂自效。夫改易行，學問靡已。晏子升之，列於君子。

【補注】

〔一〕既歸其妻曰　「曰」上當脱「請去」二字。下云「妾是以去也」，「去」上又脱「求」字。

〔二〕晏子長不滿三尺　「三」當作「五」，晏子春秋作「六」，史記同。

〔三〕妃匹亦居多焉　「妃」讀爲「配」。言賢婦能助夫以成德。

相御妻
齐相御

楚接輿妻

楚狂接輿之妻也。接輿躬耕以爲食，楚王使使者持金百鎰〔一〕、車二駟往娉迎之，曰：「王願請先生治淮南。」接輿笑而不應，使者遂不得與語而去。妻從市來，曰：「先生以而爲義〔二〕，豈將老而遺之哉？門外車跡，何其深也。」接輿曰：「王不知吾不肖也，欲使我治淮南，遣使者持金、駟來聘。」其妻曰：「得無許之乎？」接輿曰：「夫富貴者，人之所欲也，子何惡？我許之矣。」妻曰：「義士非禮不動，不爲貧而易操，不爲賤而改行。妾事先生，躬耕以爲食，親績以爲衣，食飽衣暖，據義而動，其樂亦自足矣。若受人重禄，乘人堅良〔三〕，食人肥鮮，而將何以待之？」接輿曰：「吾不許也。」妻曰：「君使不從，非忠也；從之又違，非義也〔四〕。不如去之。」夫負釜甑，妻戴紝器，變名易姓而遠徙，莫知所之。君子謂接輿妻爲樂道而遠害。夫安貧賤而不怠於道者，唯至德者能之。詩曰：「肅肅兔罝，椓之丁丁。」言不怠於道也〔五〕。

頌曰：接輿之妻，亦安貧賤。雖欲進仕，見時暴亂。楚聘接輿，妻請避館。戴紝易姓，終不遭難。

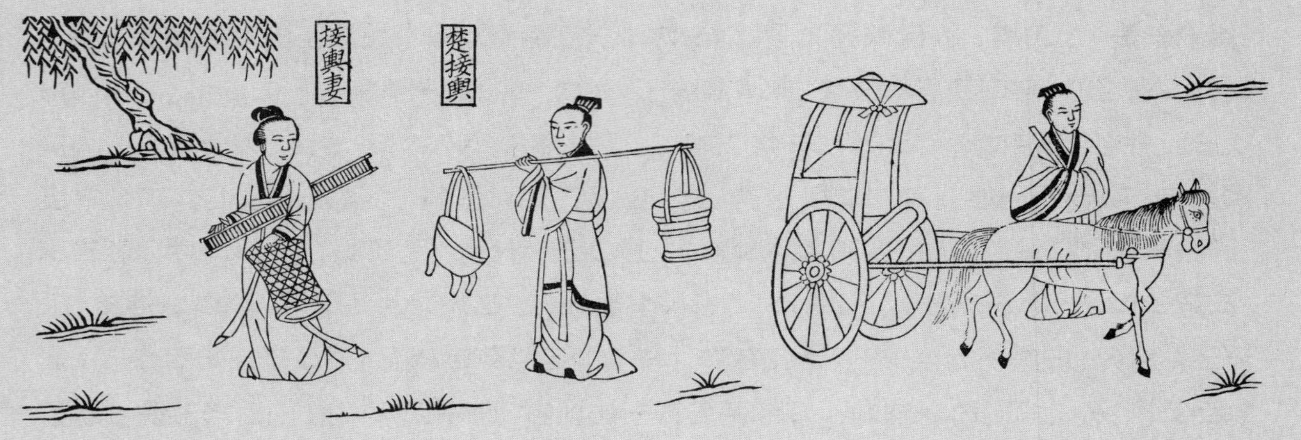
楚接輿
接輿妻

【補注】

〔一〕持金百鎰　二十兩爲一鎰。

〔二〕先生以而爲義　「以」當作「少」，字形之誤，見韓詩外傳。

〔三〕乘人堅良　車堅馬良也。

〔四〕從之又違非義也　韓詩外傳作「從之，是遺義也」。此或誤衍。

〔五〕肅肅兔罝椓之丁丁言不怠於道也　此亦安貧賤而自食其力者，故引之以譬況。

楚老萊妻

楚老萊子之妻也。萊子逃世，耕於蒙山之陽，葭牆蓬室，木牀蓍席〔一〕，衣緼食菽，墾山播種。人或言之楚王曰：「老萊，賢士也。」王欲聘以璧帛，恐不來，楚王駕至老萊之門，老萊方織畚〔二〕。王曰：「寡人愚陋，獨守宗廟，願先生幸臨之。」老萊子曰：「僕山野之人，不足守政。」王復曰：「守國之孤，願變先生之志。」老萊子曰：「諾。」王去，其妻戴畚萊、挾薪樵而來〔三〕，曰：「何車跡之衆也？」老萊子曰：「楚王欲使吾守國之政。」妻曰：「許

楚老萊
老萊妻

之乎？」曰：「然。」妻曰：「妾聞之：可食以酒肉者，可隨以鞭捶〔四〕；可授以官禄者，可隨以鈇鉞。今先生食人酒肉，授人官禄，爲人所制也〔五〕，能免於患乎？妾不能爲人所制。」投其畚萊而去。老萊子曰：「子還，吾爲子更慮。」遂行不顧，至江南而止，曰：「鳥獸之解毛，可績而衣之〔六〕。据其遺粒，足以食也〔七〕。」老萊子乃隨其妻而居之。民從而家者，一年成落，三年成聚〔八〕。君子謂老萊妻果於從善。詩曰：「衡門之下，可以棲遲。泌之洋洋，可以療饑〔九〕。」此之謂也。

頌曰：老萊與妻，逃世山陽。蓬蒿爲室，莞葭爲蓋〔一〇〕。楚王聘之，老萊將行。妻曰世亂，乃遂逃亡〔一一〕。

【補注】

〔一〕木牀蓍席　史記正義引列仙傳作：「枝木爲牀，蓍艾爲席。」

〔二〕老萊方織畚　畚，田器，織蒲爲之，所以盛種者也。

〔三〕其妻戴畚萊挾薪樵而來　既言「挾薪樵」，則「畚」下「萊」字衍也。文選注引下文「投其畚」亦無「萊」字，知此衍。

〔四〕可隨以鞭捶　捶，以杖擊也。

〔五〕爲人所制也　文選注引「爲」上有「居亂世」三字，與頌「妻曰世亂」句合，今本脱。又「制」下「也」字衍。

〔六〕鳥獸之解毛可績而衣之　列仙傳「毛」上無「解」字，「衣」下無「之」字。太平御覽引列女傳與此同，唯「之」字作「也」。

〔七〕据其遺粒足以食也　列仙傳無「据」、「以」二字，此「据」疑「捃」字形誤。捃，拾也。

〔八〕一年成落三年成聚　聚、落，皆邑居之名。

〔九〕可以療饑　療，治也。「療」本作「瘵」。此蓋魯詩，毛詩作「樂」。

〔一〇〕頌莞葭爲蓋　蓋，當作「牆」，列仙傳亦有此句。

〔一一〕藝文類聚人部引列女傳云：「老萊子孝養二親，行年七十，嬰兒自娱，著五色采衣，嘗取漿上堂，跌仆，因卧地爲小兒啼，或弄烏鳥於親側。」今按：所引與傳文異，傳内亦無可附。又史記正義所引列仙傳，「仙」字蓋誤。太平御覽引作列女傳，是矣。

楚於陵妻

楚於陵子終之妻也〔一〕。楚王聞於陵子終賢，欲以爲相，使使者持金百鎰往聘迎之。於陵子終曰：「僕有箕帚之妾，請入與計之。」即入，謂其妻曰：「楚王欲以我爲相，遣使者持金來。今日爲相，明日結駟連騎，食方丈於前，可乎？」妻曰：「夫子織屨以爲食，非與物無治也〔二〕。左琴右書，樂亦在其中矣。夫結駟連騎，所安不過容膝；食方丈於前，甘不過一肉〔三〕。今以容膝之安、一肉之味而懷楚國之憂，其可乎？亂世多害，妾恐先生之不保命也。」於是子終出謝使者而不許也。遂相與逃而爲人灌園。君子謂於陵妻爲有德行。詩云：「愔愔良人〔四〕，秩秩德音。」此之謂也。

頌曰：於陵處楚，王使聘焉。入與妻謀，懼世亂煩。進往遇害，不若身安。左琴右書，爲人灌園。

【補注】

〔一〕楚於陵子終之妻也 「楚」蓋「齊」字之誤。古之於陵，今長山縣，濟南所屬，有於陵仲子墓。子

於陵妻
於陵子
使者

終，史記集解引作子仲，戰國策亦爾。「仲」、「終」音同，古字通也。

〔二〕非與物無治也　韓詩外傳無「非」字，又作北郭先生事。

〔三〕甘不過一肉　韓詩外傳「甘」上有「所」字。

〔四〕愔愔良人　此亦魯詩，毛詩作「厭厭」。

列女傳補注卷二

列女傳補注卷三

福山　王照圓

仁智傳

密康公母

密康公之母，姓魏氏〔一〕。周共王遊於涇上，康公從。有三女奔之〔二〕，其母曰：「必致之王。夫獸三爲羣，人三爲衆，女三爲粲。王田不取羣，公行下衆〔三〕，王御不參一族〔四〕。夫粲，美之物，歸汝，而何德以堪之？王猶不堪，況爾小醜乎？」康公不獻，王滅密。君子謂密母爲能識微。詩云：「無已太康，職思其憂。」此之謂也。

頌曰：密康之母，先識盛衰。非刺康公，受粲不歸。公行下衆，物滿則損。俾獻不聽，密果滅殞。

仁智傳
奔女
密康公母
密康公
周恭王出遊

【補注】

〔一〕密康公之母姓魏氏　史記周本紀集解引「魏」作「隗」。

〔二〕有三女奔之　不娉爲奔，三女蓋同姓。

〔三〕夫獸三爲羣人三爲衆女三爲粲王田不取羣公行下衆　史記正義引曹大家云：「羣、衆、粲皆多之名也。田獵得三獸，王不盡取，以其害深也。公，諸侯也。公之所與，衆人共議也。」

〔四〕王御不參一族　參，三也。不三人同一族。

楚武鄧曼

鄧曼者，武王之夫人也〔一〕。王使屈瑕爲將伐羅。屈瑕號莫敖，與羣帥悉楚師以行。鬬伯比謂其御曰：「莫敖必敗。舉趾高，心不固矣。」見王曰：「必濟師。」王以告夫人，鄧曼曰：「大夫非衆之謂也，其謂君撫小民以信，訓諸司以德，而威莫敖以刑也。莫敖狃於蒲騷之役，將自用也，必小羅。君若不鎮撫，其不設備乎？」於是王使賴人追之，不及。莫敖令於軍中曰：「諫者有刑。」及鄢，師次亂濟〔二〕。至羅，羅與盧戎擊之〔三〕，大敗，莫

群師
屈瑕
鄧曼

敖自經荒谷，羣師囚於治父以待刑。王曰：「孤之罪也。」皆免之。君子謂鄧曼爲知人。詩云：「曾是莫聽，大命以傾。」此之謂也。王伐隨，且行，告鄧曼曰：「余心蕩〔四〕，何也？」鄧曼曰：「王德薄而禄厚，施鮮而得多。物盛必衰，日中必移，盈而蕩，天之道也。先王知之矣，故臨武事，將發大命，而蕩王心焉。若師徒毋虧，王薨於行，國之福也。」王遂行，卒於樠木之下。君子謂鄧曼爲知天道。易曰：「日中則昃，月盈則虧。天地盈虛，與時消息。」此之謂也。

頌曰：楚武鄧曼，見事所興。謂瑕軍敗，知王將薨。識彼天道，盛而必衰〔五〕。終如其言，君子揚稱。

【補注】

〔一〕鄧曼者武王之夫人也　「武」上脱「楚」字。鄧，國名。曼，其姓。國語曰：「鄧由楚曼。」

〔二〕師次亂濟　左傳作「亂次以濟」，疑此有脱誤。

〔三〕羅與盧戎擊之　羅、盧俱國名。國語曰：「羅由季姬，盧由荆嬀。」

〔四〕余心蕩　蕩，動摇也。

〔五〕頌盛而必衰　「衰」字失韻，蓋誤。

許穆夫人

許穆夫人者，衞懿公之女〔一〕，許穆公之夫人也。初，許求之，齊亦求之，懿公將與許。女因其傅母而言曰：「古者諸侯之有女子也，所以苞苴玩弄〔二〕，繫援於大國也。言今者許小而遠〔三〕，齊大而近。若今之世，强者爲雄，如使邊境有寇戎之事，維是四方之故，赴告大國，妾在，不猶愈乎？今舍近而就遠，離大而附小，一旦有車馳之難，孰可與慮社稷？」衞侯不聽，而嫁之於許。其後翟人攻衞，大破之，而許不能救，衞侯遂奔走，涉河而南，至楚丘。齊桓往而存之，遂城楚丘以居。衞侯於是悔不用其言。當敗之時，許夫人馳驅而弔唁衞侯，因疾之而作詩云〔四〕：「載馳載驅，歸唁衞侯。驅馬悠悠，言至于漕。大夫跋涉，我心則憂。既不我嘉，不能旋反。視爾不臧，我思不遠〔五〕。」君子善其慈惠而遠識也。

頌曰：衞女未嫁，謀許與齊。女諷母曰，齊大可依。衞君不聽，後果遁逃〔六〕。許不能救，女作載馳。

【補注】

〔一〕衞懿公之女　據左傳，是懿公之妹。此言是其女，又言懿公不死於翟難，俱與左傳不合，疑亦本於魯詩説也。

〔二〕所以苞苴玩弄　苞苴，裹魚肉。玩好，謂珠玉。「所以」下當脱「爲」字。楚昭越姬傳有「爲」字，「弄」作「好」。

〔三〕言今者許小而遠　「言」字衍也。

〔四〕因疾之而作詩云　疾，怨也。怨先時不用其言，今日許果不能救衞也。

〔五〕既不我嘉不能旋反視爾不臧我思不遠　嘉，美也。臧，善也。言許人既無救患分災之美，故衞不能復反其國都。前日行嫁時，固視爾不善矣。我之思慮，豈不遠乎？又言許不救衞，故衞不能濟河而北，前日之思慮，豈不甚神乎？三章又言女子之性固善憂思，然亦各有道理。許人不知，而過責我，是乃衆幼穉且狂簡，不更歷於事耳。四章又言許人既不足恃，必須求援於大邦，當時大邦固莫如齊矣，而臣無忠信可任使者，果誰可依乎？誰使至乎？反覆思維，莫如我身往齊國求救耳。蓋齊桓之存衞，許夫人之力也。禮，夫人非有大故，不越境。而親自如齊，非禮之正，義不得已，故云「大夫君子，無我有尤」也。

衛懿公
傅母
許使者
齊使者

〔六〕頌後果遁逃　「逃」字失韻，蓋誤。

曹僖氏妻

曹大夫僖負羈之妻也。晉公子重耳亡過曹，恭公不禮焉。聞其駢脅〔一〕，近其舍，伺其將浴，設微薄而觀之〔二〕。負羈之妻言於夫曰：「吾觀晉公子，其從者三人，皆國相也。以此三人者，皆善戮力以輔人〔三〕，必得晉國。若得反國，必霸諸侯而討無禮，曹必爲首。若曹有難，子必不免，子胡不早自貳焉？且吾聞之：不知其子者視其父，不知其君者視其所使。今其從者皆卿相之僕也，則其君必霸王之主也。若加禮焉，必能報施矣。若有罪焉，必能討過。子不早圖，禍至不久矣。」負羈乃遺之壺飧，加璧其上，公子受飧反璧。及公子反國，伐曹，乃表負羈之閭，令兵士無敢入。士民之扶老攜弱而赴其閭者，門外成市。君子謂僖氏之妻能遠識。詩云：「既明且哲，以保其身。」此之謂也。

頌曰：僖氏之妻，厥智孔白。見晉公子，知其興作。使夫饋飧，且以自託。文伐曹國，卒獨見釋。

曹僖氏妻
壶飧
曹僖
公子重耳
從者三人

【補注】

〔一〕聞其駢脅　駢，與「骿」同。國語注云：「骿，并幹。」

〔二〕設微薄而觀之　微，隱蔽也。薄，簾也。

〔三〕皆善戮力以輔人　國語云「以相一人」，此「人」上脱「一」字。

孫叔敖母

楚令尹孫叔敖之母也。叔敖爲嬰兒之時，出遊見兩頭蛇，殺而埋之，歸見其母而泣焉。母問其故，對曰：「吾聞見兩頭蛇者死〔一〕，今者出遊見之。」其母曰：「蛇今安在？」對曰：「吾恐他人復見之，殺而埋之矣。」其母曰：「汝不死矣。夫有陰德者，陽報之。德勝不祥，仁除百禍。天之處高而聽卑。書不云乎：『皇天無親，惟德是輔〔二〕。』爾嘿矣，必興於楚。」及叔敖長，爲令尹。君子謂叔敖之母知道德之次〔三〕。詩云：「母氏聖善。」此之謂也。

頌曰：叔敖之母，深知天道。叔敖見蛇，兩頭歧首。殺而埋之，泣恐不及〔四〕。母曰陰德，不死必壽。

孫叔敖
叔敖母

【補注】

〔一〕吾聞見兩頭蛇者死　夫子曰：兩頭蛇，嶺外極多，人視爲常，不以爲異，見劉恂嶺表録。故爾雅云：「中有枳首蛇。」枳首，即歧首也。夫蛇有歧首，與魚有比目正復相同。比目魚所在皆有，而云兩頭蛇見之者死，此流俗妄談耳。

〔二〕書不云乎皇天無親惟德是輔　左傳引作周書，注云：「周書，逸書。」

〔三〕知道德之次　次，敘也。

〔四〕頌泣恐不及　「及」字失韻。或曰當作「久」。

晉伯宗妻

晉大夫伯宗之妻也。伯宗賢，而好以直辯淩人。每朝，其妻常戒之曰：「盜憎主人，民愛其上〔一〕。有愛好人者，必有憎妒人者。夫子好直言，枉者惡之，禍必及身矣。」伯宗不聽，朝而以喜色歸。其妻曰：「子貌有喜色，何也？」伯宗曰：「吾言於朝，諸大夫皆謂我知似陽子。」妻曰：「實穀不華〔二〕，至言不飾。今陽子華而不實，言而無謀，是以禍及其身，子

伯宗
畢羊
伯宗之妻

何喜焉？」伯宗曰：「吾欲飲諸大夫酒而與之語，爾試聽之。」其妻曰：「諾。」於是爲大會，與諸大夫飲。既飲，而問妻曰：「何若？」對曰：「諸大夫莫子若也，然而民之不能戴其上久矣，難必及子。子之仕固不可易也，且國家多貳，其危可立待也。子何不預結賢大夫以託州犂焉？」伯宗曰：「諾。」乃得畢羊而交之〔三〕。及欒不忌之難，郤害伯宗〔四〕，譖而殺之。畢羊乃送州犂于荆，遂得免焉。君子謂伯宗之妻知天道〔五〕。詩云：「多將熇熇，不可救藥。」伯宗之謂也。

頌曰：伯宗淩人，妻知且亡。數諫伯宗，厚許畢羊。屬以州犂，以免咎殃。伯宗遇禍，州犂奔荆。

【補注】

〔一〕盜憎主人民愛其上　「愛」當作「惡」，見左傳，此誤。

〔二〕實穀不華　穀，五穀也。穀之實者華不繁，言之至者文不燿。

〔三〕乃得畢羊而交之　國語作「畢陽」。

〔四〕及欒不忌之難郤害伯宗　「郤」上脱「三」字。國語注：「欒弗忌，伯宗之黨。三郤害弗忌，故譖

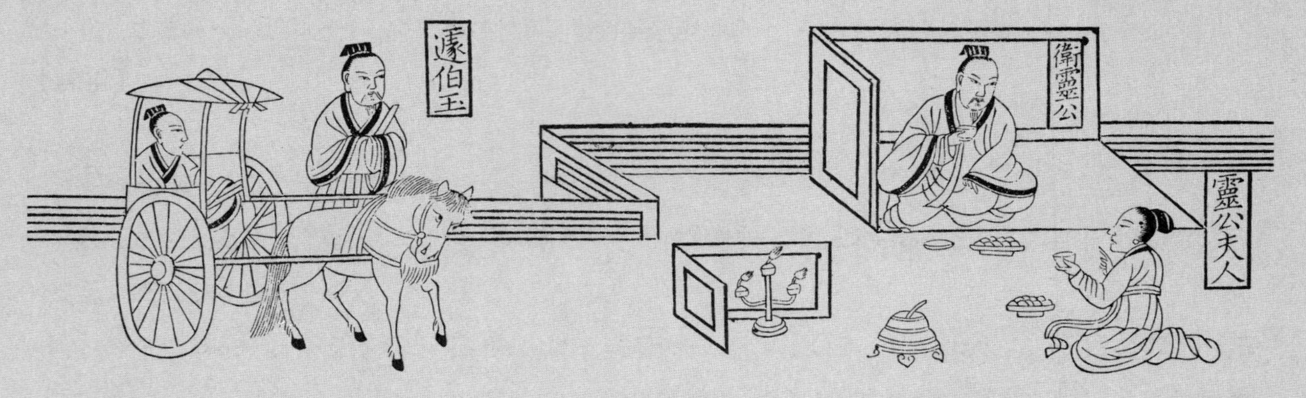
靈公夫人
衛靈公
蘧伯玉

伯宗，并殺之。」

〔五〕君子謂伯宗之妻知天道　夫天道虧盈而益謙。伯宗既好淩人，又自喜其智，盈而必虧。其妻知之，故著名焉爾。

衞靈夫人

衞靈公之夫人也。靈公與夫人夜坐，聞車聲轔轔，至闕而止〔一〕，過闕復有聲。公問夫人曰：「知此謂誰〔二〕？」夫人曰：「此蘧伯玉也。」公曰：「何以知之？」夫人曰：「妾聞禮：『下公門，式路馬』，所以廣敬也。夫忠臣與孝子，不爲昭昭變節，不爲冥冥惰行。蘧伯玉，衞之賢大夫也，仁而有智，敬於事上，此其人必不以闇昧廢禮，是以知之。」公使視之，果伯玉也。公反之〔三〕，以戲夫人曰：「非也。」夫人酌觴再拜賀公。公曰：「子何以賀寡人？」夫人曰：「始妾獨以衞爲有蘧伯玉爾，今衞復有與之齊者，是君有二臣也。國多賢臣，國之福也。妾是以賀。」公驚曰：「善哉！」遂語夫人其實焉。君子謂衞夫人明於知人道〔四〕。夫可欺而不可罔者，其明智乎！詩云：「我聞其聲，不見其人。」此之謂也。

頌曰：衞靈夜坐，夫人與存。有車轔轔，中止闕門。夫人知之，必伯玉焉。維知識賢，問之信然。

【補注】

〔一〕至闕而止　闕，兩觀也。宫門有雙闕。

〔二〕知此謂誰　謂，當作「爲」。

〔三〕公反之　反之，謂不以實告也。

〔四〕君子謂衞夫人明於知人道　「道」字疑衍。又引詩「不見其人」，人，毛詩作「身」。

齊靈仲子

齊靈仲子者，宋侯之女〔一〕，齊靈公之夫人也。初，靈公娶於魯，聲姬生子光，以爲太子〔二〕。夫人仲子與其娣戎子皆嬖於公。仲子生子牙，戎子請以牙爲太子代光，公許之。仲子曰：「不可。夫廢常，不祥；聞諸侯之難〔三〕，失謀。夫光之立也，列於諸侯矣。今無故而廢之，是專絀諸侯〔四〕，而以難犯不祥也。君心悔之。」「在我而已〔五〕。」仲子曰：「妾非讓也，誠禍之萌也〔六〕。」以死争之，公終不聽，遂逐太子光，而立牙爲太子，高厚爲傅。靈公疾，高厚微迎光〔七〕。及公薨，崔杼立光而殺高厚。以不用仲子之言，禍至於此。君子謂仲子明於事理。詩云：「聽用我謀，庶無大悔。」仲子之謂也。

頌曰：齊靈仲子，仁智顯明。靈公立牙，廢姬子光。仲子强諫，棄適不祥。公既不聽，果有禍殃。

【補注】

〔一〕宋侯之女　侯，當作「公」。宋國，子姓，公爵也。

〔二〕娶於魯聲姬生子光以爲太子　聲姬，顔懿姬之姪也。懿姬無子，故以聲姬子爲太子。

〔三〕聞諸侯之難　聞，當作「閒」，字形之誤，見左傳。

〔四〕是專絀諸侯　絀，左傳作「黜」，古字通也。

〔五〕君心悔之在我而已　心，當作「必」。「悔之」下脱「公曰」二字，見左傳。

〔六〕誠禍之萌也　誠，當作「識」，或作「誠」，俱字形之誤。

齊靈公
夫人仲子
太子光
公子牙

〔七〕高厚微迎光　高厚，當作「崔杼」之誤，見左傳。

魯臧孫母

臧孫母者，魯大夫臧文仲之母也。文仲將爲魯使至齊，其母送之曰：「汝刻而無恩，好盡人力，窮人以威，魯國不容子矣，而使子之齊。凡奸將作，必於變動。害子者，其於斯發事乎？汝其戒之。魯與齊通壁，壁鄰之國也〔一〕。魯之寵臣多怨汝者，又皆通於齊高子、國子，是必使齊圖魯而拘汝留之，難乎其免也。汝必施恩布惠，而後出以求助焉。」於是文仲託於三家，厚士大夫而後之齊。齊果拘之，而興兵欲襲魯。文仲微使人遺公書〔二〕，恐得其書，乃謬其辭曰：「斂小器，投諸台〔三〕。食獵犬，組羊裘。琴之合，甚思之。臧我羊，羊有母〔四〕。食我以同魚〔五〕。冠纓不足帶有餘。」公及大夫相與議之，莫能知之。人有言：「臧孫母者，世家子也，君何不試召而問焉？」於是召而語之曰：「吾使臧子之齊，今持書來云爾，何也？」臧孫母泣下襟，曰〔六〕：「吾子拘有木治矣。」公曰：「何以知之？」對曰：「『斂小器，投諸台』者，言取郭外萌內之於城中也〔七〕。『食獵犬，組羊裘』者，言趣饗戰鬬之士而繕甲兵也。『琴之合，

魯国君
臧孫母

甚思之』者，言思妻也。『臧我羊，羊有母』，是善告妻善養母也。『食我以同魚』，同者其文錯，錯者所以治鋸，鋸者所以治木也，是有木治係於獄矣。『冠纓不足帶有餘』者，頭亂不得梳，飢不得食也。故知吾子拘而有木治矣。」於是以臧孫母之言，軍於境上。齊方發兵，將以襲魯，聞兵在境上，乃還文仲而不伐魯。君子謂臧孫母識微見遠。詩云：「陟彼屺兮，瞻望母兮。」此之謂也。

頌曰：臧孫之母，刺子好威。必且遇害，使援所依。既厚三家，果拘於齊。母說其書，子遂得歸。

【補注】

〔一〕魯與齊通壁壁鄰之國也　通壁，言屋廬相接。壁鄰，言近。

〔二〕文仲微使人遺公書　微，隱匿也。祕不欲人見。

〔三〕斂小器投諸台　台，地名也。春秋襄十二年「莒圍台」，注云：「琅邪費縣南有台亭。」即此。又臧母說云：「取郭外萌内之城中。」既有城郭，可知爲地名矣。

〔四〕臧我羊羊有母　臧，善也。羊，祥也。祥亦善也。羊性孝，善養母，故「美」、「善」字俱從羊。

〔五〕食我以同魚　「同」與「銅」古字通。銅魚，送死之具，以飾棺，非可食之物。言被拘囚，飢餓欲死也。

〔六〕臧孫母泣下襟曰　「襟」上脱「需」字。「襟」與「衿」同。顏氏家訓引曹大家注云：「衿，交領也。」

〔七〕言取郭外萌内之於城中也　萌，萌芽也，蓄聚、疏材之屬也。言收斂蓄聚，勿以資敵人。必言萌者，幼少之稱，以書言斂小器也。

晉羊叔姬

叔姬者，羊舌子之妻也〔一〕，叔向、叔魚之母也，一姓楊氏〔二〕。叔向名肸〔三〕，叔魚名鮒。羊舌子好正，不容於晉，去而之三室之邑。三室之邑人相與攘羊而遺之，羊舌子不受。叔姬曰：「夫子居晉不容，去之三室之邑，又不容於三室之邑，是於夫子不容也〔四〕，不如受之。」羊舌子受之，曰：「爲肸與鮒亨之。」叔姬曰：「不可。南方有鳥，名曰乾吉，食其子不擇肉，子常不遂〔五〕。今肸與鮒童子也，隨大夫而化者，不可食以不義之肉。不若埋之，以明不與。」於是乃盛以甕，埋壚陰〔六〕。後二年，攘羊之事發，都吏至〔七〕，羊舌子曰：「吾受之，不敢食也。」發而視之，則其骨存焉。都吏曰：「君子哉！羊舌子不與攘羊之事矣。」君子謂叔姬爲能防害遠疑。詩曰：「無曰不顯，莫予云覯。」此之謂也。叔向欲娶於申公巫臣氏，夏姬之女，美而有色，叔姬不欲娶其族〔八〕。叔向曰：「吾母之族，貴而無庶，吾懲舅氏矣。」叔姬曰：「子靈之妻，殺三夫一君一子，而亡一國兩卿矣。爾不懲此，而反懲吾族，何也？且吾聞之：有奇福者必有奇禍，有甚美者必有甚惡。今是鄭穆少妃姚子之子，子貉之妹也。子貉早死無後，而天鍾美於是，將必以是大有敗也。昔有仍氏生女，髮黑而甚美，光可監人〔九〕，名曰玄妻。樂正夔娶之，生伯封。宕有豕心〔一〇〕，貪惏毋期，忿戾無饜，謂之『封豕』。有窮后羿滅之，夔是用不祀〔一一〕。且三代之亡及恭太子之廢〔一二〕，皆是物也。汝何以爲哉？夫有美物，足以移人，苟非德義，則必有禍也。」叔向懼而不敢娶，平公强使娶之，生楊食我，食我號曰伯碩〔一三〕。伯碩生時，侍者謁之叔姬曰：「長姒産男。」叔姬往視之，及堂，聞其號也而還，曰：「豺狼之聲也。狼子野心，今將滅羊舌氏者，必是子也。」遂不肯見。及長，與祁勝爲亂，晉人殺食我，羊舌氏由是遂滅。君子謂叔姬爲能推類。詩云：「如彼泉流，無淪胥以敗。」此之謂也。叔姬之始生叔魚也，而視之曰〔一四〕：「是虎目而豕喙〔一五〕，鳶肩而牛腹，谿壑可盈，是不可饜也，必以賂死。」遂不見〔一六〕。及叔魚長，爲國贊理〔一七〕。邢侯

羊叔姬
晋羊舌子

與雍子爭田，雍子入其女於叔魚以求直，邢侯殺叔魚與雍子於朝。韓宣子患之。叔向曰：「三姦同罪，請殺其生者而戮其死者。」遂族邢侯氏〔一八〕，而尸叔魚與雍子於市。叔魚卒以貪死。叔姬可謂智矣。詩云：「貪人敗類。」此之謂也。

頌曰：叔向之母，察於情性。推人之生，以窮其命。叔魚食我，皆貪不正。必以貨死，果卒分爭。

【補注】

〔一〕羊舌子之妻也　晉獻公時有羊舌大夫，此其子孫也。見左傳。

〔二〕一姓楊氏　國語注云：「楊，叔向邑。」

〔三〕叔向名肸　肸，當作「肹」。

〔四〕是於夫子不容也　「於」字誤，疑當作「彰」。

〔五〕食其子不擇肉子常不遂　「食」音「嗣」。遂，長也。言飼哺其子，不擇肉而啖之，故其子不能遂長。

〔六〕於是乃盛以甕埋壚陰　壚，與「廬」同。廬陰，屋後也。

〔七〕都吏至　都吏，都邑之吏也。

〔八〕叔姬不欲娶其族　「不」字衍，見左傳。

〔九〕光可監人　監，左傳作「鑑」。

〔一〇〕宕有豕心　宕，左傳作「實」，此字形之誤。

〔一一〕夔是用不祀　是用，猶言「是以」。

〔一二〕及恭太子之廢　恭，太子申生謚也。驪姬譖殺之。

〔一三〕食我號曰伯碩　「食」音「嗣」。碩，左傳作「石」。

〔一四〕而視之曰　視，相察其形貌也。

〔一五〕是虎目而豕啄　啄，國語作「喙」。

〔一六〕遂不見　見，國語作「視」，注云：「不自養視。」

〔一七〕爲國贊理　理，士官也。贊，佐也。左傳曰：「叔魚攝理。」

〔一八〕遂族邢侯氏　族，左傳、國語俱作「施」，此字形之誤耳。國語曰：「邢侯聞之，逃，遂施邢侯氏。」注云：「施，劾捕也。」

晉范氏母

晉范氏母者，范獻子之妻也[一]。其三子遊於趙氏。趙簡子乘馬園中，園中多株[二]，問三子曰：「柰何？」長者曰：「明君不問不爲，亂君不問而爲。」中者曰：「愛馬足則無愛民力，愛民力則無愛馬足。」少者曰：「可以三德使民[三]。設令伐株於山，將有馬爲也[四]，已而開囿示之株。夫山遠而囿近，是民一悦矣；夫險阻之山而伐平地之株[五]，民二悦矣；既畢而賤賣，民三悦矣。」簡子從之，民果三悦。少子伐其謀，歸以告母。母喟然嘆曰：「終滅范氏者，必是子也。夫伐功施勞，鮮能布仁。乘僞行詐，莫能久長。」其後智伯滅范氏。君子謂范氏母爲知難本。詩曰：「無忝爾祖，式救爾訛[六]。」此之謂也。

頌曰：范氏之母，貴德尚信。小子三德，以詐與民。知其必滅，鮮能有仁。後果逢禍，身死國分。

【補注】

〔一〕范獻子之妻也　獻子，宣子之子范鞅也。

范氏長子
范氏中子
范氏少子
范氏母

〔二〕園中多株　株，木根也。

〔三〕可以三德使民　德，恩惠也。

〔四〕將有馬爲也　「馬」字衍，蓋涉上文而誤加之。

〔五〕夫險阻之山　夫，當作「去」。

〔六〕無忝爾祖式救爾訛　毛詩上「爾」作「皇」，「訛」作「後」。此作「訛」，誤也。

魯公乘姒

魯公乘姒者，魯公乘子皮之姒也〔一〕。其族人死，姒哭之甚悲。子皮止姒曰：「安之，吾今嫁姊矣。」已過時，子皮不復言也。魯君欲以子皮爲相，子皮問姒曰：「魯君欲以我爲相，爲之乎？」姒曰：「勿爲也。」子皮曰：「何也？」姒曰：「夫臨喪而言嫁，一何不習禮也。後過時而不言，一何不達人事也。子内不習禮，而外不達人事，子不可以爲相。」子皮曰：「姒欲嫁，何不早言？」姒曰：「婦人之事，唱而後和。吾豈以欲嫁之故數子乎〔二〕？子誠不習於禮，不達於人事。以此相一國，據大衆，何以理之？譬猶揜目而別黑白也，揜目而別黑白，猶無患也。不達

乘子皮
子皮之姒

人事而相國，非有天咎，必有人禍。子其勿爲也。」子皮不聽，卒受爲相。居未期年，果誅而死。君子謂公乘姒緣事而知弟之遇禍也，可謂智矣。待禮然後動，不苟觸情，可謂貞矣。詩云：「蘀兮蘀兮，風其吹汝。叔兮伯兮，唱予和汝。」又曰：「百爾所思，不如我所之。」此之謂也。

頌曰：子皮之姊，緣事分理。子皮相魯，知其禍起。姊諫子皮，殆不如止。子皮不聽，卒爲宗恥。

【補注】

〔一〕魯公乘子皮之姒也　公乘，姓也。子皮，名。姒，姊也。

〔二〕吾豈以欲嫁之故數子乎　數，猶「速」也。言婦人之事，須唱而後和，子既不復言嫁矣，我寧必求速嫁於子乎？

魯漆室女

漆室女者，魯漆室邑之女也〔一〕。過時未適人。當穆公時，君老太子幼。女倚柱而嘯〔二〕，旁

漆室女
鄰婦
三一

人聞之，莫不爲之慘者〔三〕。其鄰人婦從之遊，謂曰：「何嘯之悲也！子欲嫁邪？吾爲子求偶。」漆室女曰：「嗟乎！始吾以子爲有知，今無識也。吾豈爲不嫁不樂而悲哉？吾憂魯君老、太子幼。」鄰婦笑曰：「此乃魯大夫之憂，婦人何與焉？」漆室女曰：「不然，非子所知也。昔晉客舍吾家，繫馬園中，馬佚馳走〔四〕，踐吾葵，使我終歲不食葵。鄰人女奔，隨人亡，其家倩吾兄行追之〔五〕，逢霖水出，溺流而死，今吾終身無兄〔六〕。吾聞河潤九里，漸洳三百步。今魯君老悖，太子少愚，愚僞日起。夫魯國有患者，君臣父子皆被其辱，禍及衆庶，婦人獨安所避乎？吾甚憂之。子乃曰婦人無與者，何哉？」鄰婦謝曰：「子之所慮，非妾所及。」三年，魯果亂，齊、楚攻之，魯連有寇，男子戰鬬，婦人轉輸〔七〕，不得休息。君子曰：「遠矣！漆室女之思也。」詩云：「知我者謂我心憂，不知我者謂我何求。」此之謂也。

頌曰：漆室之女，計慮甚妙。維魯且亂，倚柱而嘯。君老嗣幼，愚悖姦生。魯果擾亂，齊伐其城。

【補注】

〔一〕魯漆室邑之女也　後漢郡國志：「東海郡蘭陵有次室亭。」注云：「地道記曰：『故魯次室邑。』」

列女傳有『漆室之女』，或作『次室』。」

〔二〕女倚柱而嘯　嘯，吹口作聲也。

〔三〕莫不爲之慘者　後漢書注引作「心莫不慘慘者」。案：「慘」與「懆」同。懆懆，愁不安也。詩曰：「念子懆懆。」

〔四〕馬佚　佚，與「逸」同，言走失也。

〔五〕其家倩吾兄行追之　倩，借也。

〔六〕今吾終身無兄　今，當作「令」。

〔七〕婦人轉輸　轉，運也。輸，猶「納」也。言婦人輓運糧芻。

魏曲沃負

曲沃負者〔一〕，魏大夫如耳母也。秦立魏公子政爲魏太子，魏哀王使使者爲太子納妃而美，王將自納焉。曲沃負謂其子如耳曰：「王亂於無別〔二〕，汝胡不匡之？方今戰國，强者爲雄，義者顯焉。今魏不能强，王又無義，何以持國乎？王中人也，不知其爲禍耳。汝不言，則魏必有禍矣，有禍必及吾家。汝言以盡忠，忠以除禍，不可失也。」如耳未遇閒〔三〕，會使於齊，負因款王門而上書曰〔四〕：「曲沃之老婦也，心有所懷，願以聞於王。」王召入。負曰：「妾聞男女之别，國之大節也。婦人脆於志，窳於心〔五〕，不可以邪開也。是故必十五而笄，二十而嫁，早成其號謚，所以就之也〔六〕。聘則爲妻，奔則爲妾，所以開善遏淫也。節成然後許嫁〔七〕，親迎然後隨從，貞女之義也。今大王爲太子求妃而自納之於後宫，此毁貞女之行而亂男女之别也。自古聖王必正妃匹，妃匹正則興，不正則亂。夏之興也以塗山，亡也以末喜；殷之興也以有㜪，亡也以妲己；周之興也以大姒，亡也以褒姒。周之康王夫人晏出朝，關雎起興〔八〕，思得淑女以配君子。夫雎鳩之鳥，猶未嘗見乘居而匹處也〔九〕。夫男女之盛，合之以禮，則父子生焉，君臣成焉，故爲萬物始。君臣、父子、夫婦三者，天下之大綱紀也。三者治則治，亂則亂。今大王亂人道之始，棄綱紀之務。敵國五六，南有從楚，西有横秦，而魏國居其閒，可謂僅存矣。王不憂此，而從亂無别，父子同女。妾恐大王之國政危矣。」王曰：「然，寡人不知也。」遂與太子妃，而賜負三十鍾，如耳還而爵之。王勤行自修，勞來國家〔一〇〕，而齊、楚、强秦不敢加兵焉。君子謂魏負知禮。詩云：「敬之敬之，天維顯思。」此之謂也。

曲沃負
魏哀王

頌曰：魏負聰達，非刺哀王。王子納妃，禮別不明。負款王門，陳列紀綱。王改自修，卒無敵兵。

【補注】

〔一〕曲沃負者　負，老嫗之稱。漢書注曰：「俗謂老大母爲阿負。」

〔二〕王亂於無別　「於」字疑誤，或「亂」上有脱字。下文云「王從亂無別」是也。

〔三〕如耳未遇閒　閒，隙也。言未逢可言之時。

〔四〕負因款王門而上書　款，叩也。

〔五〕婦人脃於志窳於心　脃，耎也，字當作「脆」。窳，惰也。商子曰：「窳惰之農勉疾。」

〔六〕早成其號謚所以就之也　婦人無謚，如春秋紀伯姬、叔姬之類，生既爲號，死便爲謚，非别有謚也。就，終也。言伯仲之號，自其生時已定其終卒，所以專一其心志之義也。

〔七〕節成然後許嫁　節成，言骨節成壯也。

〔八〕周之康王夫人晏出朝關雎起興　「夫人」二字衍也，文選注引無之。「起興」作「預見」。又引虞貞節曰：「其夫人晏出，故作關雎之歌，以感誨之。」漢書杜欽傳云：「佩玉晏鳴，關雎嘆之。」藝文

趙孝成王
趙括

趙括母

類聚張超賦云：「周漸將衰，康王晏起。」是皆以關雎爲刺詩。漢書注云：「此魯詩也。」

〔九〕雎鳩之鳥猶未嘗見乘居而匹處也　乘，四也。匹，二也。少儀曰：「乘壺酒。」言四壺酒也。匹處，雌雄同處也。雎鳩摯而有別，故張超賦云：「感彼關雎，德不雙侶。」文選注引「處」字作「游」。

〔一〇〕勞來國家　勞來，勤於事也。「來」音「賚」。

趙將括母

趙將馬服君趙奢之妻，趙括之母也。秦攻趙，孝成王使括代廉頗爲將。將行，括母上書言於王曰：「括不可使將。」王曰：「何以？」曰：「始妾事其父，父時爲將，身所奉飯者以十數〔一〕，所友者以百數。大王及宗室所賜幣者，盡以與軍吏士大夫。受命之日，不問家事。今括一旦爲將，東向而朝軍吏〔二〕，吏無敢仰視之者。王所賜金帛，歸盡臧之〔三〕，乃日視便利田宅可買者。王以爲若其父乎？父子不同，執心各異。願勿遣。」王曰：「母置之，吾計已決矣。」括母曰：「王終遣之，即有不稱，妾得無隨乎〔四〕？」王曰：「不也。」括既行，代廉頗三十餘日，趙兵果敗，括死軍覆。王以括母先言故，卒不加誅。君子謂括母爲仁智。詩曰：「老夫灌灌，小子蹻蹻。匪我言耄，爾用憂謔。」此之謂也。

頌曰：孝成用括，代頗距秦。括母獻書，知其覆軍。願止不得，請罪止身。括死長平，妻子得存。

【補注】

〔一〕身所奉飯者以十數　奉，手持也。尊敬其人，故親以飯奉之。若記云「執醬而饋」然也。

〔二〕東向而朝軍吏　東向，居尊位也。

〔三〕王所賜金帛歸盡藏之　臧，藏也。古書「藏」俱作「臧」。

〔四〕妾得無隨乎　隨，從也。言括若有罪，得不從坐乎？

列女傳補注卷三

列女傳補注卷四

福山　王照圓

貞順傳

召南申女

召南申女者，申人之女也。既許嫁於酆，夫家禮不備而欲迎之，女與其人言：「以爲夫婦者，人倫之始也，不可不正。傳曰：『正其本則萬物理。失之豪氂，差之千里〔一〕。』是以本立而道生，源治而流清。故嫁娶者，所以傳重承業，繼續先祖，爲宗廟主也。夫家輕禮違制〔二〕，不可以行。」遂不肯往。夫家訟之於理，致之於獄。女終以一物不具，一禮不備，守節持義，必死不往，而作詩曰〔三〕：「雖速我獄，室家不足。」言夫家之禮不備足也。君子以爲得婦道之儀〔四〕，故舉而揚之，傳而法之，以絶無禮之求，防淫慾之行焉。又曰：「雖速我訟，亦不女從。」此之謂也。

貞順傳
申女之母
申人之女
召南申女

頌曰：召南申女，貞一修容。夫禮不備，終不肯從。要以必死，遂至獄訟。作詩明意，後世稱誦。

【補注】

〔一〕傳曰正其本則萬物理失之豪釐差之千里　此易傳文也。禮記經解引下二句，漢書、越絶引上二句，説苑全引之，而俱稱「易曰」。

〔二〕夫家輕禮違制　北堂書鈔引作「夫家輕我」。

〔三〕而作詩曰　此魯詩説也。韓詩外傳同。

〔四〕君子以爲得婦道之儀　儀，宜也。韓詩外傳作「宜」。

宋恭伯姬

伯姬者，魯宣公之女，成公之妹也。其母曰繆姜，嫁伯姬於宋恭公。恭公不親迎，伯姬迫於父母之命而行。既入宋，三月廟見，當行夫婦之道。伯姬以恭公不親迎，故不肯聽命。

宋恭伯姬
保母

宋人告魯，魯使大夫季文子於宋，致命於伯姬[一]。還復命，公享之，繆姜出于房，再拜曰：「大夫勤勞於遠道，辱送小子，不忘先君以及後嗣，使下而有知[二]，先君猶有望也。敢再拜大夫之辱。」伯姬既嫁於恭公十年，恭公卒，伯姬寡。至景公時[三]，伯姬嘗遇夜失火，左右曰：「夫人少避火。」伯姬曰：「婦人之義，保傅不俱，夜不下堂，待保傅來也。」保母至矣，傅母未至也。左右又曰：「夫人少避火。」伯姬曰：「婦人之義，傅母不至，夜不可下堂，越義求生，不如守義而死。」遂逮於火而死。春秋詳録其事，爲賢伯姬，以爲婦人以貞爲行者也，伯姬之婦道盡矣[四]。當此之時，諸侯聞之，莫不悼痛，以爲死者不可以生，財物猶可復，故相與聚會於澶淵，償宋之所喪。春秋善之[五]。君子曰：禮，婦人不得傅母，夜不下堂，行必以燭。伯姬之謂也。詩云：「淑愼爾止，不愆于儀。」伯姬可謂不失儀矣。

頌曰：伯姬心專，守禮一意。宮夜失火，保傅不備。逮火而死，厥心靡悔。春秋賢之，詳録其事。

【補注】

〔一〕魯使大夫季文子於宋致命於伯姬　春秋書曰：「季孫行父如宋致女。」

〔二〕使下而有知　此句難曉，左傳作「施及未亡人」五字。

〔三〕十年恭公卒伯姬寡至景公時　説者言「十」當作「七」，「景」當作「平」，俱字之誤，是也。

〔四〕伯姬之婦道盡矣　此上四句本穀梁傳。

〔五〕償宋之所喪春秋善之　穀梁傳曰：「更宋之所喪財也。」又曰：「善之也。」

衛宣夫人〔一〕

夫人者，齊侯之女也。嫁於衛，至城門而衛君死。保母曰：「可以還矣。」女不聽，遂入，持三年之喪〔二〕，畢，弟立，請曰：「衛，小國也，不容二庖，請願同庖〔三〕。」終不聽。衛君使人愬於齊兄弟，齊兄弟皆欲與君，使人告女，女終不聽，乃作詩曰〔四〕：「我心匪石，不可轉也。我心匪席，不可卷也。」厄窮而不閔，勞辱而不苟〔五〕，然後能自致也，言不失也〔六〕，然後可以濟難矣。詩曰：「威儀棣棣，不可選也〔七〕。」言其左右無賢臣，皆順其君之意也。君子美其貞壹，故舉而列之於詩也。

頌曰：齊女嫁衛，厥至城門。公薨不反，遂入三年。後君欲同，女終不渾。作詩譏刺，卒守死君。

【補注】

〔一〕衛宣夫人　太平御覽引作「衛寡夫人」，與本傳「魯寡陶嬰」、「梁寡高行」、「陳寡孝婦」同。今本「寡」作「宣」，字形之誤耳。易説卦「宣髮」作「寡髮」，亦其例。

〔二〕遂入持三年之喪　遂入，非禮也，喪又不應三年也。曾子問：「曰『取女有吉日，而女死，如之何？』孔子曰：『壻齊衰而弔，既葬而除之。夫死亦如之。』」鄭注：「未有期三年之恩也。女服斬衰。」然則準斯以論，齊女行嫁，雖至城門，既衛君死，於義當還，斬衰而弔，既葬遂除，如斯而已。齊女斷以三年，喪過乎哀，情過乎禮，狂狷之行，未爲中道。尋繹聖言，蓋因壻女夭殂，未爲夫婦，故不容成服備禮。鄭以經文「齊衰」乃是蒙壻而言，猶未顯女爲夫之服，故補足經文，以爲「女服斬衰」，良由經言「吉日」，已有爲夫婦之漸，故各服其本服。禮緣義起，實則未爲夫婦，故禮以義終，弔服齊斬，爲權以恩，葬而除服，遂斷以禮。且女嫁從夫，今未成嫁，誰適爲從？安有生未同牢之人，可服斬衰而持三年喪者乎？假令可行，即與已爲夫婦者，又何以別焉？謹依經義，詮釋傳文，齊女之行，殆未免賢者之過與？

夫人保母
衛宣夫人

〔三〕請願同庖　御覽引此下有「唯夫妻爲同庖」六字，蓋引注文也。

〔四〕乃作詩曰　此亦魯詩説也。然則女不聽同庖之言，至於兄弟覯怒，羣小見侮，石席盟心，摽辟悲吟。觀其摛詞，終託奮飛，乃知此女遂終於衞而不復歸，良足悕已。

〔五〕勞辱而不苟　「苟」字疑誤。

〔六〕言不失也　「也」疑「已」字之誤。

〔七〕威儀棣棣不可選也　言左右之人，威儀雖美，而無可選用。彼皆羣小耳，常侮辱我，使之不安於衞。

蔡人之妻

蔡人之妻者，宋人之女也。既嫁於蔡，而夫有惡疾，其母將改嫁之，女曰：「夫不幸，乃妾之不幸也，柰何去之？適人之道，壹與之醮，終身不改。不幸遇惡疾，不改其意。且夫采采芣苢之草，雖其臭惡〔一〕，猶始於捋采之，終於懷擷之，浸以益親，況於夫婦之道乎？彼無大故，又不遣妾，何以得去？」終不聽其母，乃作芣苢之詩。君子曰：「宋女之意，甚貞

蔡人
妻母
蔡人妻

而壹也。」

頌曰：宋女專慤，持心不願〔二〕。夫有惡疾，意猶一精。母勸去歸，作詩不聽。後人美之，以爲順貞。

【補注】

〔一〕芣苢之草雖其臭惡　韓詩章句曰：「采苢，傷夫有惡疾也。」芣苢，澤瀉也。芣苢臭惡之草，詩人以芣苢雖臭惡乎，我猶采采而不已，興君子雖有惡疾，我猶守而不離去也。見文選注。是魯、韓義同。

〔二〕頌持心不願　願，當作「傾」，與下韻。

黎莊夫人

黎莊夫人者，衛侯之女，黎莊公之夫人也。既往而不同欲，所務者異，未嘗得見，甚不得意。其傅母閔夫人賢，公反不納，憐其失意，又恐其已見遣而不以時去，謂夫人曰：「夫婦

莊夫人
傅母
黎莊公

之道，有義則合，無義則去。今不得意，胡不去乎？」乃作詩曰：「式微式微，胡不歸〔一〕？」夫人曰：「婦人之道，壹而已矣。彼雖不吾以，吾何可以離於婦道乎？」乃作詩曰：「微君之故，胡爲乎中路〔二〕？」終執貞壹，不違婦道，以俟君命。君子故序之以編詩。

頌曰：黎莊夫人，執行不衰。莊公不遇，行節反乖。傅母勸去，作詩式微。夫人守壹，終不肯歸。

【補注】

〔一〕式微式微胡不歸　微，隱蔽也。歸，大歸也。言夫人不得見君，自處幽隱，何不歸去也。

〔二〕微君之故胡爲乎中路　中路，路中也。言所以微者，以君不見納之故，去將安歸？何爲而行路中也。荅傅母以明己不去之意。此亦魯詩也。毛詩「路」作「露」，以爲黎侯寓於衛，其臣勸以歸。

齊孝孟姬

孟姬者，華氏之長女，齊孝公之夫人也。好禮貞壹，過時不嫁。齊中求之，禮不備，終不

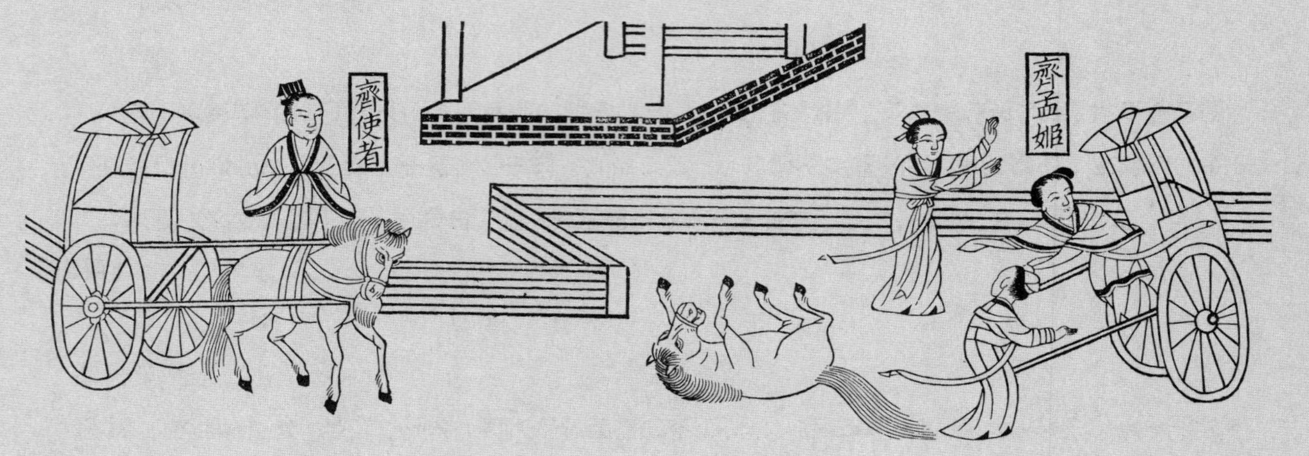
齊孟姬
齊使者

往。躡男席，語不及外〔一〕，遠别避嫌，齊中莫能備禮求焉。齊國稱其貞。孝公聞之，乃修禮親迎于華氏之室。父母送孟姬不下堂，母醮房之中，結其衿縭〔二〕，誡之曰：「必敬必戒，無違宫事〔三〕。」父誡之東階之上，曰：「必夙興夜寐，無違命。其有大妨於王命者，亦勿從也。」諸母誡之兩階之間，曰：「敬之敬之，必終父母之命。夙夜無怠，尔之衿縭。父母之言謂何。」姑姊妹誡之門内，曰：「夙夜無愆，尔之衿鞶〔四〕，無忘父母之言。」孝公親迎孟姬於其父母，三顧而出〔五〕，親迎之綏，自御輪三，曲顧姬與〔六〕，遂納于宫。三月廟見〔七〕，而後行夫婦之道。既居久之，公遊於琅邪，華孟姬從，車奔，姬墮車碎，孝公使駟馬立車載姬以歸〔八〕。姬使侍御者舒帷以自障蔽，而使傅母應使者曰：「妾聞妃后踰閾必乘安車輜軿〔九〕，下堂必從傅母保阿〔一〇〕，進退則鳴玉環佩〔一一〕，内飾則結紐綢繆〔一二〕，野處則帷裳擁蔽〔一三〕，所以正心壹意，自斂制也。今立車無軿〔一四〕，非所敢受命也。野處無衛，非所敢久居也。三者失禮多矣。夫無禮而生，不若早死。」使者馳以告公，更取安車，比其反也，則自經矣，傅母救之，不絶。傅母曰：「使者至，輜軿已具。」姬氏蘇〔一五〕，然後乘而歸。君子謂孟姬好禮。禮，婦人出必輜軿，衣服綢繆。既嫁，歸問女昆弟，不問男昆弟，所以遠别也。詩曰：「彼君子女，綢直如髮〔一六〕。」此之謂也。

頌曰：孟姬好禮，執節甚公〔一七〕。避嫌遠别，終不治容。載不並乘㊀〔一八〕，非禮不從。君子嘉焉，自古寡同。

【補注】

〔一〕躡男席語不及外　躡，猶「踐」也。「躡」上脱「不」字。内則曰：「男女不同席。」又曰：「女不言外。」

〔二〕結其衿縭㊁　衿，衣小帶也。縭，緌也。詩曰：「親結其縭。」

〔三〕無違宫事　「無」上當脱「夙夜」二字，下「夙興夜寐」當衍「興」、「寐」二字。

〔四〕夙夜無愆尔之衿鞶　鞶，大帶也。士昏禮云：「夙夜無愆，視諸衿鞶。」注云：「視，今文作示。」然則此作「尔」者，「示」字之誤耳。上云「尔之衿褵」亦然。

〔五〕孝公親迎孟姬於其父母三顧而出　親迎之禮，壻升堂再拜，奠鴈，降出。此言親受之於父母也。「三顧」二字疑涉下文而誤衍。

〔六〕親迎之綏自御輪三曲顧姬與　迎，當作「授」，字之誤也。士昏禮云「壻御婦車授綏」是其義。

㊀並，原作「竝」，據王氏補注改正。按文選樓叢書本古列女傳亦作「並」。

㊁縭，原作「褵」，涉上而誤，據正文及王氏補注改正。按萬有文庫本亦作「縭」。

「自御輪三」爲句，昏義云「御輪三周」是也。「曲顧姬與」，「與」當作「輿」，亦字之誤。曲顧者，詩曰「韓侯顧之」，毛傳：「曲顧，道義也。」姬輿者，姬之所乘車。

〔七〕三月廟見　士昏禮：「舅姑在者，以昏之明日，質明贊見婦于舅姑；若舅姑没，則婦入三月，乃奠菜。」即此云廟見之禮也。

〔八〕駟馬立車　立車者，立乘之車。婦人不立乘，乘安車，坐必以几也。

〔九〕妃后踰閾必乘安車輜軿　閾，門限也。輜軿，車四面屏蔽也。

〔一〇〕下堂必從傅母保阿　母，與「姆」同，女師也。阿，倚也。親而倚之，蓋慈母也。内則曰：「其次爲慈母，其次爲保母。」然則傅者，傅之德義；保者，保其身體；師者，道之教訓；阿者，倚以居處。或曰：「阿」與「娿」音義同。娿，女師也。

〔一一〕進退則鳴玉環佩　肉好若一謂之環。書大傳曰：「夫人鳴佩玉于房中。」

〔一二〕内飾則結紐綢繆　内飾，衣中之飾也。結，締也。紐，系也。綢繆，猶纏緜也。皆言結束自整飭。

〔一三〕野處則帷裳擁蔽　帷裳，童容也。以帷障車傍如裳，以爲容飾，謂之童容也。内則曰：「女子出門，必擁蔽其面。」

〔一四〕今立車無軿　軿，當作「輧」，字之誤也。後漢書注引作「輧」。

〔一五〕姬氏蘇　姬，蓋婦人美稱耳，不當言「氏」，似失之。

息君
息夫人

〔一六〕綢直如髮　綢，密也。言賢女操行細密正直，如髮之美也。

〔一七〕頌執節甚公　公，當作「恭」，聲之誤也。

〔一八〕載不並乘　並，當作「立」，字形之誤也。蓋「立」誤作「竝」，俗又作「並」矣。

息君夫人

夫人者，息君之夫人也。楚伐息，破之，虜其君，使守門，將妻其夫人而納之於宮。楚王出遊，夫人遂出見息君，謂之曰：「人生要一死而已，何至自苦。妾無須臾而忘君也，終不以身更貳醮。生離於地上，豈如死歸於地下哉？」乃作詩曰：「穀則異室〔一〕，死則同穴。謂予不信，有如曒日。」息君止之，夫人不聽，遂自殺，息君亦自殺，同日俱死。楚王賢其夫人守節有義，乃以諸侯之禮合而葬之。君子謂夫人説於行善，故序之於詩〔二〕。夫義動君子，利動小人。息君夫人不爲利動矣。詩云：「德音莫違，及爾同死。」此之謂也。

頌曰：楚虜息君，納其適妃。夫人持固，彌久不衰。作詩同穴，思故忘新。遂死不顧，列於貞賢。

【補注】

〔一〕乃作詩曰穀則異室　穀，生也。以爲息夫人作，亦魯詩説也。

〔二〕故序之於詩　此魯詩序，不知列於何國之風。

齊杞梁妻

齊杞梁殖之妻也〔一〕。莊公襲莒，殖戰而死。莊公歸，遇其妻〔二〕，使使者弔之於路。杞梁妻曰：「今殖有罪，君何辱命焉？若令殖免於罪，則賤妾有先人之弊廬在，下妾不得與郊弔〔三〕。」於是莊公乃還車詣其室，成禮然後去。杞梁之妻無子，内外皆無五屬之親〔四〕。既無所歸，乃枕其夫之屍於城下而哭〔五〕，内誠動人〔六〕，道路過者莫不爲之揮涕，十日而城爲之崩〔七〕。既葬，曰：「吾何歸矣？夫婦人必有所倚者也。父在則倚父，夫在則倚夫，子在則倚子。今吾上則無父，中則無夫，下則無子。内無所依，以見吾誠；外無所依，以立吾節。吾豈能更二哉？亦死而已。」遂赴淄水而死。君子謂杞梁之妻貞而知禮。詩云：「我心傷悲，聊與子同歸〔八〕。」此之謂也。

頌曰：杞梁戰死，其妻收喪。齊莊道弔，避不敢當。哭夫於城，城爲之崩。自以無親，赴淄而薨。

【補注】

〔一〕齊杞梁殖之妻也　文選注引「齊」上有「杞梁妻者」四字，今脱去之。

〔二〕莊公歸遇其妻　水經注引作「其妻將赴之，道逢齊莊公，公將弔之」，與今本異。

〔三〕下妾不得與郊弔　水經注引「得」作「敢」。

〔四〕内外皆無五屬之親　婦人以夫家爲内，母家爲外。五屬，五服之屬也。

〔五〕乃枕其夫之屍於城下而哭　文選洞簫賦及求通親親表注俱引「枕」作「就」，此字形之誤耳。城，莒城也。夫戰死於此，因就屍而哭之。作「就」字是也，「枕」則非禮矣。選注引「哭」下有「之」字，此脱。

〔六〕内誠動人　「誠」當作「誠」，字形之誤。

〔七〕十日而城爲之崩　水經注及後漢書注、藝文類聚俱引「十」作「七」。文選注仍作「十」。

〔八〕我心傷悲聊與子同歸　此引蓋亦魯詩，與毛詩異。

杞梁妻

楚平伯嬴

伯嬴者，秦穆公之女〔一〕，楚平王之夫人，昭王之母也。當昭王時，楚與吳爲伯莒之戰〔二〕，吳勝楚，遂入至郢，昭王亡。吳王闔閭盡妻其後宮，次至伯嬴，伯嬴持刃曰：「妾聞天子者，天下之表也。公侯者，一國之儀也。天子失制則天下亂，諸侯失節則其國危。夫婦之道，固人倫之始，王教之端。是以明王之制，使男女不親授，坐不同席，食不共器，殊椸枷，異巾櫛〔三〕，所以施之也〔四〕。若諸侯外淫者絶，卿大夫外淫者放，士、庶人外淫者宫割。夫然者，以爲仁失可復以義，義失可復以禮，男女之喪，亂亡興焉。夫造亂亡之端，公侯之所絶，天子之所誅也。今君王棄儀表之行，縱亂亡之欲，犯誅絶之事，何以行令訓民？且妾聞生而辱，不若死而榮。若使君王棄其儀表，則無以臨國；妾有淫端，則無以生世。壹舉而兩辱，妾以死守之，不敢承命。且凡所欲妾者，爲樂也。近妾而死，何樂之有？如先殺妾，又何益於君王？」於是吳王慙，遂退舍。伯嬴與其保阿閉永巷之門，皆不釋兵。三旬，秦救至，昭王乃復矣。君子謂伯嬴勇而精壹〔五〕。詩曰：「莫莫葛藟〔六〕，施于條枚。豈弟君子，求福不回。」此之謂也。

吴王闔閭
楚平伯嚭

頌曰：闔閭勝楚，入厥宫室。盡妻後宫，莫不戰慄。伯嬴自守，堅固專一。君子美之，以爲有節。

【補注】

〔一〕伯嬴者秦穆公之女　吴入郢之歲，當秦哀公之世，上去秦穆公之時遠矣，不知何字之誤。

〔二〕楚與吴爲伯莒之戰　伯莒，左傳作柏舉，古字通耳。

〔三〕男女不親授坐不同席食不共器殊椸枷異巾櫛　本曲禮文。

〔四〕所以施之也　施，讀爲「移」。施，易也。所以變易其邪心。

〔五〕君子謂伯嬴勇而精壹　勇，謂持刃誓以必死也。精，疑當作「静」，言其貞静專壹也

〔六〕莫莫葛纍　纍，與「藟」同。毛詩作「藟」。釋文「藟」又作「虆」。「虆」省，因又作「纍」耳。

楚昭貞姜

貞姜者，齊侯之女，楚昭王之夫人也。王出遊，留夫人漸臺之上而去。王聞江水大至，使

漸臺
符使者

使者迎夫人，忘持其符〔一〕。使者至，請夫人出，夫人曰：「王與宮人約，令召宮人必以符〔二〕。今使者不持符，妾不敢從使者行。」使者曰：「今水方大至，還而取符，則恐後矣。」夫人曰：「妾聞之：貞女之義不犯約，勇者不畏死，守一節而已。妾知從使者必生，留必死。然弃約越義而求生，不若留而死耳。」於是使者取符，則水大至，臺崩，夫人流而死。王曰：「嗟夫！守義死節，不爲苟生，処約持信〔三〕，以成其貞。」乃號之曰貞姜。君子謂貞姜有婦節。詩云：「淑人君子，其儀不忒。」此之謂也。

頌曰：楚昭出遊，留姜漸臺。江水大至，無符不來。夫人守節，流死不疑。君子序焉，上配伯姬〔四〕。

【補注】

〔一〕忘持其符　符，信也。剖竹分而持之，合以爲信也。

〔二〕王與宮人約令召宮人必以符　藝文類聚引作：「大王與宮人約命曰：『召若必以符。』」

〔三〕処約持信　処，即「處」字。尋其文義，當作「據」，缺壞作「處」，又作「処」耳。據，猶「持」也。

〔四〕頌上配伯姬　即宋伯姬，逮火而死者。

楚白貞姬
楚使者

楚白貞姬

貞姬者，楚白公勝之妻也。白公死，其妻紡績不嫁。吴王聞其美且有行，使大夫持金百鎰、白璧一雙以娉焉，以輜軿三十乘迎之，將以爲夫人。大夫致幣，白妻辭之曰：「白公生之時，妾幸得充後宫，執箕帚，掌衣履，拂枕席，託爲妃匹。白公不幸而死，妾願守其墳墓，以終天年。今王賜金璧之娉，夫人之位，非愚妾之所聞也。且夫弃義從欲者，汙也；見利忘死者，貪也。夫貪汙之人，王何以爲哉？妾聞之：忠臣不借人以力，貞女不假人以色，豈獨事生若此哉？於死者亦然。妾既不仁，不能從死，今又去而嫁，不亦太甚乎？」遂辭娉而不行。吴王賢其守節有義，號曰貞姬。楚君子謂〔一〕：貞姬廉潔而誠信。夫任重而道遠，仁以爲己任，不亦重乎？死而後已，不亦遠乎？詩云：「彼美孟姜，德音不忘。」此之謂也。

頌曰：白公之妻，守寡紡績。吴王美之，娉以金璧。妻操固行，雖死不易。君子大之，美其嘉績〔二〕。

衛夫人
傅妾

【補注】

〔一〕號曰貞姬楚君子謂　「楚」當在「貞姬」之上，傳寫者誤倒其文耳。藝文類聚引不誤。

〔二〕頌美其嘉績　績，疑當作「蹟」，字形之誤。蹟，與「迹」同。

衛宗二順

衛宗二順者，衛宗室靈王之夫人而及其傅妾也〔一〕。秦滅衛君，乃封靈王世家，使奉其祀。靈王死，夫人無子而守寡，傅妾有子。傅妾事夫人，八年不衰，供養愈謹。夫人謂傅妾曰：「孺子養我甚謹〔二〕。子奉祀而妾事我，我不聊也〔三〕。且吾聞主君之母不妾事人。今我無子，於禮，斥絀之人也〔四〕，而得留以盡其節，是我幸也。今又煩孺子不改故節，我甚內慙。吾願出居外，以時相見，我甚便之。」傅妾泣而對曰：「夫人欲使靈氏受三不祥邪？不幸早終〔五〕，是一不祥也；夫人無子而婢妾有子，是二不祥也；夫人欲出居外，使婢子居內，是三不祥也。妾聞忠臣事君無怠倦時，孝子養親患無日也。妾豈敢以小貴之故變妾之節哉？供養固妾之職也，夫人又何勤乎？」夫人曰：「無子之人而辱主君之母，雖子欲爾，衆人謂我不知禮也。吾終願居外而已。」傅妾退而謂其子曰：「吾聞君子處順，奉上下之儀，修先古之禮，此順道也。今夫人難我〔六〕，將欲居外，使我居内，此逆也。處逆而生，豈若守順而死哉？」遂欲自殺。其子泣而守之，不聽。夫人聞之懼，遂許傅妾留，終年供養不衰。君子曰：二女相讓，亦誠君子，可謂行成於内而名立於後世矣。詩云：「我心匪石，不可轉也。」此之謂也。

頌曰：衛宗二順，執行咸固。妾子雖代，供養如故。主婦慙讓，請求出舍。終不肯聽，禮甚閒暇。

【補注】

〔一〕衛宗室靈王之夫人而及其傅妾也　「而」字衍。六國時，衛無稱王者，此靈王不知何人也。下云「封靈王世家，使奉其祀」，亦不可曉。據史記，衛君角廢爲庶人，而衛祀絶矣。傅妾，傅御之妾也。傅，近也。夫子曰：下文言靈氏受三不祥，恐「靈王」即「靈氏」之誤耳。

〔二〕孺子養我甚謹　孺子，謂傅妾也。蓋婦官之貴者曰孺子，亦猶大夫妻曰孺人耳。

〔三〕子奉祀而妾事我我不聊也　聊，賴也。賴之言利也。言以妾禮事我，我不敢當，此於我不利也。

〔四〕今我無子於禮斥絀之人也　絀，與「黜」同。言婦人無子，於禮當出。黜，猶「出」也。

〔五〕不幸早終　太平御覽引「不」上有「公」字，此脱。

〔六〕今夫人難我　難，猶「煩苦」也。言夫人以我供養爲難也。

魯寡陶嬰

陶嬰者，魯陶門之女也。少寡，養幼孤，無强昆弟〔一〕，紡績爲産。魯人或聞其義，將求焉。嬰聞之，恐不得免，作歌明己之不更二也。其歌曰：「黄鵠之早寡兮，七年不雙。鵷頸獨宿兮〔二〕，不與衆同。夜半悲鳴兮，想其故雄。天命早寡兮，獨宿何傷。寡婦念此兮，泣下數行。嗚呼哉兮〔三〕，死者不可忘。飛鳥尚然兮，况於貞良。雖有賢雄兮〔四〕，終不重行。」魯人聞之曰：「斯女不可得已。」遂不敢復求。嬰寡終身不改。君子謂陶嬰貞壹而思〔五〕。詩云：「心之憂矣，我歌且謡。」此之謂也。

頌曰：陶嬰少寡，紡績養子。或欲取焉，乃自修理。作歌自明，求者乃止。君子稱揚，以爲女紀。

魯寡陶嬰
陶嬰子

【補注】

〔一〕無强昆弟　强，壯也。北堂書鈔引無「强」字。

〔二〕鵷頸獨宿兮　鵷，當與「宛」同。宛，轉也。

〔三〕嗚呼哉兮　「哉」上脱「哀」字，書鈔引未脱。

〔四〕雖有賢雄兮　書鈔引「雄」作「匹」。

〔五〕君子謂陶嬰貞壹而思　思，睿也。謚法曰：「道德純一曰思。」

梁寡高行

高行者，梁之寡婦也。其爲人榮於色而美於行。夫死早寡，不嫁。梁貴人多争欲取之者，不能得。梁王聞之，使相娉焉。高行曰：「妾夫不幸早死，先狗馬填溝壑〔一〕，妾守養其幼孤，曾不得專意〔二〕。貴人多求妾者，幸而得免，今王又重之。妾聞婦人之義，一往而不改，以全貞信之節。念忘死而趨生，是不信也；貴而忘賤，是不貞也〔三〕；弃義而從利，無以爲人。」乃援鏡持刀以割其鼻，曰：「妾已刑矣。所以不死者，不忍幼弱之重孤也。王之

梁寡高行
梁使者

求妾者，以其色也。今刑餘之人，殆可釋矣。」於是相以報，王大其義，高其行，乃復其身，尊其號曰高行。君子謂高行節禮專精。詩云：「謂予不信，有如皎日。」此之謂也。

頌曰：高行處梁，貞專精純。不貪行貴，務在一信。不受梁娉，劓鼻刑身。君子高之，顯示後人。

【補注】

〔一〕妾夫不幸早死先狗馬填溝壑　藝文類聚引無「早死」二字，文選注引有之。「狗」俱作「犬」。選注引虞貞節曰：「人受命於天而命長，犬馬受命於天而命短。妾之夫反先犬馬死矣。」所引即此注之文也。

〔二〕妾守養其幼孤曾不得專意　類聚「妾」下有「宜以身薦棺槨」六字，其下方云「守養幼孤，不得專意」，言不得專意從夫也。今脱去六字，詞與義俱窒矣。又「不得專意」句下直接「妾聞婦人之義」云云，「以全貞信之節」句下直接「棄義而從利」云云。是唐本止如此，宋本又衍數句，宜据以删去之。

〔三〕念忘死而趨生是不信也貴而忘賤是不貞也　念，疑「今」字之誤。又此四句，類聚引無之，或本在注中，傳寫者誤入正文耳。當更詳之。

孝婦夫行戍
孝婦姑
陳寡孝婦

陳寡孝婦

孝婦者，陳之少寡婦也。年十六而嫁，未有子，其夫當行戍。夫且行時，屬孝婦曰：「我生死未可知，幸有老母，無它兄弟，儻吾不還㊀，汝肯養吾母乎？」婦應曰：「諾。」夫果死不還。婦養姑不衰，慈愛愈固〔一〕，紡績以爲家業，終無嫁意。居喪三年，其父母哀其年少無子而早寡也，將取而嫁之，孝婦曰：「妾聞之：信者，人之幹也；義者，行之節也。妾幸得離襁褓，受嚴命而事夫〔二〕。夫且行時，屬妾以其老母〔三〕，既許諾之。夫受人之託，豈可棄哉？棄託不信，背死不義，不可也。」母曰：「吾憐汝少年早寡也。」孝婦曰：「妾聞寧載於義而死，不載於地而生。且夫養人老母而不能卒，許人以諾而不能信，將何以立於世？夫爲人婦，固養其舅姑者也。夫不幸先死，不得盡爲人子之禮。今又使妾去之，莫養老母，是明夫之不肖而著妾之不孝。不孝不信且無義，何以生哉？」因欲自殺，其父母懼而不敢嫁也，遂使養其姑。二十八年，姑死，葬之，終奉祭祀。淮陽太守以聞〔四〕，漢孝文皇

㊀儻，原作「備」，據朱熹儀禮經傳通解卷二、秦蕙田五禮通考卷一百五十三改。按，王紹蘭疑當作「倘」，説見文後列女傳補注校正陳寡孝婦條（三九九頁）。

帝高其義〔五〕，貴其信，美其行，使使者賜之黄金四十斤，復之終身，號曰孝婦。君子謂孝婦備於婦道。詩云：「匪直也人，秉心塞淵。」此之謂也。

頌曰：孝婦處陳，夫死無子。姑將嫁之，終不聽母。專心養姑，一醮不改。聖王嘉之〔六〕，號曰孝婦。

【補注】

〔一〕慈愛愈固　慈，亦愛也。内則曰：「慈以旨甘。」

〔二〕受嚴命而事夫　嚴命，父母之命也。易曰：「家人有嚴君焉，父母之謂也。」

〔三〕屬妾以其老母　屬，託也。

〔四〕淮陽太守以聞　漢地理志：「陳屬淮陽國。」是不爲郡矣。而云「太守」者，或孝文帝時曾改爲郡而史缺歟？不則，「太守」二字誤也。

〔五〕漢孝文皇帝　「漢」字後人妄加之。

〔六〕頌聖王嘉之　王，當作「主」。

列女傳補注卷四

列女傳補注卷五

福山 王照圓

節義傳

魯孝義保

孝義保者，魯孝公稱之保母，臧氏之寡也。初，孝公父武公與其二子長子括、中子戲朝周宣王，宣王立戲爲魯太子。武公薨，戲立，是爲懿公。孝公時號公子稱，最少〔一〕。義保與其子俱入宮，養公子稱〔二〕。括之子伯御與魯人作亂，攻殺懿公而自立，求公子稱於宮，將殺之。義保聞伯御將殺稱，乃衣其子以稱之衣，卧於稱之處，伯御殺之，義保遂抱稱以出，遇稱舅魯大夫於外。舅問：「稱死乎？」義保曰：「不死，在此。」舅曰：「何以得免？」義保曰：「以吾子代之。」義保遂以逃。十一年〔三〕，魯大夫皆知稱之在保，於是請周天子殺伯御〔四〕，立稱，是爲孝公。魯人高之。論語曰：「可以託六尺之孤。」其義保之謂也。

節義傳
孝義保
公子稱
括子御
孝義保子

頌曰：伯御作亂，由魯宫起。孝公乳保，臧氏之母。逃匿孝公，易以其子。保母若斯，亦誠足恃。

【補注】

〔一〕孝公時號公子稱最少　孝公名稱，武公少子也。

〔二〕義保與其子俱入宫養公子稱　公羊傳云：「養公者，必以其子入養。」注云：「不離人母子，因以娱公也。」

〔三〕十一年　言伯御立十一年也。

〔四〕於是請周天子　周天子者，宣王也。伐魯立孝公，事見國語。

楚成鄭瞀

鄭瞀者，鄭女之嬴媵〔一〕，楚成王之夫人也。初，成王登臺臨後宫，宫人皆傾觀〔二〕，子瞀直行不顧，徐步不變〔三〕。王曰：「行者顧。」子瞀不顧。王曰：「顧，吾以女爲夫人。」子瞀

楚成王
鄭女瞀

復不顧。王曰：「顧，吾又與女千金而封若父兄。」子胥遂不顧〔四〕。於是王下臺而問曰：「夫人，重位也；封爵，厚禄也。壹顧可以得之，已得而遂不顧，何也〔五〕？」子胥曰：「妾聞婦人以端正和顔爲容〔六〕。今者大王在臺上而妾顧，則是失儀節也；不顧，告以夫人之尊，示以封爵之重而後顧，則是妾貪貴樂利以忘義理也。苟忘義理，何以事王？」王曰：「善。」遂立以爲夫人。處期年，王將立公子商臣以爲太子。王問之於令尹子上，子上曰：「君之齒未也，而又多寵子，既置而黜之，必爲亂矣。且其人蜂目而豺聲，忍人也，不可立也。」王退而問於夫人，子胥曰：「令尹之言信可從也。」王不聽，遂立之。其後商臣以子上救蔡之事譖子上而殺之。子胥謂其保曰：「吾聞婦人之事，在於饋食之閒而已。雖然，心之所見，吾不能藏。夫昔者子上言太子之不可立也，太子怨之，譖而殺之。王不明察，遂辜無罪〔七〕，是白黑顛倒，上下錯謬也。王多寵子，皆欲得國。太子貪忍，恐失其所。王又不明，無以照之。庶嫡分争，禍必興焉。」後王又欲立公子職。職，商臣庶弟也。子胥退而與其保言曰：「吾聞信不見疑。今者王必將以職易太子，吾懼禍亂之作也，而言之於王，王不吾應。其以太子爲非吾子，疑吾譖之者乎〔八〕？夫見疑而生，衆人孰知其不然？與其無義而生，不如死以明之。且王聞吾死，必寤太子之不可釋也〔九〕。」遂自殺。保母以其言通於王。是時太子知王之欲廢之也，遂興師作亂，圍王宮。王請食熊蹯而死，不可得也，遂自經。君子曰：非至仁，孰能以身誡〔一〇〕？詩曰：「舍命不渝。」此之謂也。

頌曰：子晳先識，執節有常。興於不顧，卒配成王。知商臣亂，言之甚强。自嫌非子，以殺身盟〔一一〕。

【補注】

〔一〕鄭晳者鄭女之嬴媵　鄭晳，文選詩注引作：「楚成鄭子晳者。」嬴，秦姓也。媵，從嫁也。蓋秦人嫁女於楚，而鄭以子晳媵之也，故曰「鄭女之嬴媵」。禮，一國嫁女，二國往媵之也。

〔二〕宮人皆傾觀　傾，側也。禮，頭容直，目容端。傾觀，非禮也。

〔三〕子晳直行不顧徐步不變　直，猶「但」也。或曰：直行，正直而行，不傾顧也。徐步不變，足容重也。

〔四〕子晳遂不顧　選注引「遂」下有「行」字，此脱。

〔五〕已得而遂不顧何也　「已得」二字疑涉上句「以得」而衍也。

〔六〕妾聞婦人以端正和顏爲容　端正，不傾側也。顏，眉目之閒也。

〔七〕遂辜無罪　辜，亦「罪」也。言王之不明，以無罪爲罪也。

〔八〕其以太子爲非吾子疑吾譖之者乎　太子，謂職也。王卒以職爲太子，事見左傳。

〔九〕必寤太子之不可釋也　此太子謂商臣也。寤，與「悟」同，覺也。釋，猶「舍」也。

〔一〇〕非至仁孰能以身誡　誡，敕也。言子瞀殺身成仁，以教誡王也。

〔一一〕頌以殺身盟　盟，猶「明」也。

晉圉懷嬴

懷嬴者，秦穆公之女，晉惠公太子之妃也〔一〕。圉質於秦，穆公以嬴妻之。六年，圉將逃歸，謂嬴氏曰：「吾去國數年，子父之接忘而秦晉之友不加親也〔二〕。夫鳥飛反鄉，狐死首丘〔三〕，我其首晉而死，子其與我行乎？」嬴氏對曰：「子，晉太子也，辱於秦。子之欲去，不亦宜乎？雖然，寡君使婢子侍執巾櫛以固子也。今吾不足以結子，是吾不肖也；從子而歸，是棄君也；言子之謀，是負妻之義也。三者無一可行。雖吾不從子也，子行矣，吾不敢泄言，亦不敢從也。」子圉遂逃歸。君子謂懷嬴善處夫婦之間。

晉太子朗
秦女懷嬴

頌曰：晉圉質秦，配以懷嬴。圉將與逃，嬴不肯聽。亦不泄言，操心甚平。不告所從，無所阿傾。

【補注】

〔一〕懷嬴者秦穆之女晉惠公太子之妃也　「穆」下脱「公」字，「子」下脱「圉」字㊀。

〔二〕而秦晉之友不加親也　友，當爲「交」，字形之誤。

〔三〕狐死首丘　首，猶「向」也。言死時必正向其故丘，不忘本也。

楚昭越姬

楚昭越姬者，越王句踐之女，楚昭王之姬也。昭王讌遊，蔡姬在左，越姬參右〔一〕，王親乘駟以馳逐，遂登附社之臺，以望雲夢之囿〔二〕，觀士大夫逐者。既驩〔三〕，乃顧謂二姬曰：

㊀（今所見）底本、校本「穆」下皆未脱「公」字，未知王照圓所據何本。

越姬
楚昭王
蔡姬

「樂乎？」蔡姬對曰：「樂。」王曰：「吾願與子生若此，死又若此。」蔡姬曰：「昔弊邑寡君固以其黎民之役事君王之馬足，故以婢子之身爲苞苴玩好。今乃比於妃嬪，固願生俱樂，死同時。」王顧謂史：「書之！蔡姬許從孤死矣。」乃復謂越姬，越姬對曰：「樂則樂矣，然而不可久也。」王曰：「吾願與子生若此，死若此，其不可得乎？」越姬對曰：「昔吾先君莊王淫樂，三年不聽政事，終而能改，卒霸天下。妾以君王爲能法吾先君，將改斯樂而勤於政也。今則不然，而要婢子以死，其可得乎？且君王以束帛乘馬，取婢子於弊邑，寡君受之太廟也〔四〕，不約死。妾聞之諸姑，婦人以死彰君之善，益君之寵，不聞其以苟從其闇死爲榮，妾不敢聞命。」於是王寤，敬越姬之言，而猶親嬖蔡姬也。居二十五年，王救陳，二姬從。王病在軍中，有赤雲夾日如飛鳥〔五〕。王問周史，史曰：「是害王身，然可以移於將相。」將相聞之，將請以身禱於神。王曰：「將相之於孤，猶股肱也。今移禍焉，庸爲去是身乎〔六〕？」不聽。越姬曰：「大哉君王之德！以是妾願從王矣。昔日之遊，淫樂也，是以不敢許。及君王復於禮，國人皆將爲君王死，而況於妾乎？請願先驅狐狸於地下。」王曰：「昔之遊樂，吾戲耳。若將必死，是彰孤之不德也。」越姬曰：「昔日妾雖口不言，心既許之矣。妾聞信者不負其心，義者不虛設其事。妾死王之義，不死王之好也。」遂自殺。王病甚，讓位於三弟，三弟不聽。王薨於軍中，蔡姬竟不能死。王弟子閭與子西、子期謀曰：「母信者，其子必仁。」乃伏師閉壁〔七〕，迎越姬之子熊章立，是爲惠王。然後罷兵，歸葬昭王。君子謂越姬信能死義。詩曰：「德音莫違，及爾同死。」越姬之謂也。

頌曰：楚昭遊樂，要姬從死。蔡姬許王，越姬執禮。終獨死節，羣臣嘉美。維斯兩姬，其德不比。

【補注】

〔一〕越姬參右　藝文類聚引「右」作「乘」。

〔二〕遂登附社之臺以望雲夢之囿　附社，臺名也。文選：「楚襄王與宋玉遊於雲夢之臺。」注引漢書音義張揖曰：「雲夢，楚藪也。在南郡華容縣，其中有臺館。」

〔三〕既驩　驩，與「歡」同，喜樂也。

〔四〕寡君受之太廟也　昏禮，自納采以下，壹受之於廟。

〔五〕有赤雲夾日如飛烏　烏，當作「鳥」，見左傳。

〔六〕庸爲去是身乎　庸，豈也。言移禍於股肱，不得爲病去身也。

〔七〕乃伏師閉壁　壁，壁壘也。伏師閉壁，爲王薨故，恐爲敵所乘。

蓋將之妻

蓋之偏將丘子之妻也。戎伐蓋，殺其君〔一〕，令於蓋羣臣曰：「敢有自殺者，妻子盡誅。」丘子自殺，人救之，不得死。既歸，其妻謂之曰：「吾聞將節勇而不果生〔二〕，故士民盡力而不畏死，是以戰勝攻取，故能存國安君。夫戰而忘勇，非孝也；君亡不死，非忠也。今軍敗君死，子獨何生？忠孝忘於身〔三〕，何忍以歸？」丘子曰：「蓋小戎大，吾力畢能盡，君不幸而死，吾固自殺也，以救故不得死。」其妻曰：「曩日有救，今又何也？」丘子曰：「吾非愛身也。戎令曰：『自殺者誅及妻子。』是以不死，死又何益於君？」其妻曰：「吾聞之：主憂臣辱，主辱臣死。今君死而子不死，可謂義乎？多殺士民，不能存國而自活，可謂仁乎？憂妻子而忘仁義，背故君而事强暴，可謂忠乎？人無忠臣之道、仁義之行，可謂賢乎？周書曰〔四〕：『先君而後臣，先父母而後兄弟，先兄弟而後交友，先交友而後妻子。』妻子，私愛也；事君，公義也。今子以妻子之故，失人臣之節，無事君之禮，棄忠臣之公道，營

將亡子
蓋將之妻

妻子之私愛，偷生苟活，妾等恥之，況於子乎？吾不能與子蒙恥而生焉。」遂自殺。戎君賢之，祠以太牢，而以將禮葬之，賜其弟金百鎰，以爲卿，而使別治〔五〕。蓋君子謂蓋將之妻潔而好義。詩曰：「淑人君子，其德不回。」此之謂也。

頌曰：蓋將之妻，據節鋭精。戎既滅蓋，丘子獨生。妻恥不死，陳設五榮〔六〕。爲夫先死，卒遺顯名。

【補注】

〔一〕戎伐蓋殺其君　夫子曰：蓋，國名也。竹書紀年：「西戎滅蓋。」在周幽王六年。

〔二〕吾聞將節勇而不果生　將節，言爲將之節也。果生，疑「樂生」之形誤。

〔三〕忠孝忘於身　忘，亦「亡」也。古字通用。

〔四〕周書曰　未見所出。

〔五〕以爲卿而使別治　時蓋已滅，故授以地而使別爲治也。

〔六〕頌陳設五榮　五榮之義未詳。

魯義姑姊

魯義姑姊

魯義姑姊者[一]，魯野之婦人也。齊攻魯，至郊，望見一婦人抱一兒、攜一兒而行，軍且及之，棄其所抱，抱其所攜而走於山，兒隨而啼，婦人遂行不顧。齊將問兒曰：「走者爾母邪？」曰：「是也。」「母所抱者誰也？」曰：「不知也。」齊將乃追之，軍士引弓將射之，曰：「止！不止，吾將射爾。」婦人乃還。齊將問所抱者誰也，所棄者誰也。對曰：「所抱者妾兄之子也，所棄者妾之子也。見軍之至，力不能兩護，故棄妾之子。」齊將曰：「子之於母，其親愛也，痛甚於心。今釋之而反抱兄之子，何也？」婦人曰：「己之子，私愛也；兄之子，公義也。夫背公義而嚮私愛，亡兄子而存妾子，幸而得幸，則魯君不吾畜，大夫不吾養，庶民國人不吾與也。夫如是，則脅肩無所容，而累足無所履也。子雖痛乎，獨謂義何？故忍棄子而行義，不能無義而視魯國[二]。」於是齊將按兵而止，使人言於齊君曰：「魯未可伐也。乃至於境，山澤之婦人耳，猶知持節行義，不以私害公，而況於朝臣士大夫乎？請還。」齊君許之。魯君聞之，賜婦人束帛百端[三]，號曰義姑姊。公正誠信[四]，果於行義。夫義其大哉！雖在匹婦，國猶賴之，況以禮義治國乎？詩曰：「有覺德行，四國順之。」此之謂也。

頌曰：齊君攻魯，義姑有節。見軍走山，棄子抱姪。齊將問之，賢其推理。一婦爲義，齊兵遂止。

【補注】

〔一〕魯義姑姊者　姑姊者，謂父之姊也。父姊爲姑姊，父妹爲姑妹。然據傳言，兄之子則當爲姑妹矣，此字形之誤，後傳「梁節姑姊」亦然。

〔二〕不能無義而視魯國　視，猶「生」也。如「長生久視」之「視」。

〔三〕賜婦人東帛百端　幣帛之數，十箇爲東。百端，五十箇也。

〔四〕公正誠信　「公」上當脱「君子謂義姑姊」六字。

代趙夫人

代趙夫人者，趙簡子之女，襄子之姊，代王之夫人也。簡子既葬，襄子未除服，地登夏屋〔一〕，誘代王，使廚人持斗以食代王及從者〔二〕，行斟，陰令宰人各以一斗擊殺代王及從者〔三〕。因舉兵平代地，而迎其姊趙夫人，夫人曰：「吾受先君之命事代之王〔四〕，今十有餘年矣。代無大故，而主君殘之〔五〕。今代已亡，吾將奚歸？且吾聞之：婦人執義無二夫。吾豈有二夫哉？欲迎我何之？以弟慢夫〔六〕，非義也；以夫怨弟，非仁也。吾不敢怨，然亦不歸。」遂泣而呼天，自殺於靡笄之地〔七〕。代人皆懷之。君子謂趙夫人善處夫婦之閒。詩云：「不僭不賊，鮮不爲則。」此之謂也。

頌曰：惟趙襄子，代夫人弟。襲滅代王，迎取其姊。姊引義理，稱引節禮。不歸不怨，遂留野死。

【補注】

〔一〕地登夏屋　「地」字誤，史記世家作「北」。

〔二〕使廚人持斗以食代王　斗，史記作「枓」。枓，勺也。説者謂形方有柄，取斟水器。

〔三〕陰令宰人各以一斗擊殺代王及從者　史記集解：「各，一作『雒』。」蓋宰人名也。史記「枓」上無「一」字，此衍。

趙帝王
趙使者
代趙夫人

〔四〕事代之王　「之」字衍。

〔五〕代無大故而主君殘之　大夫君曰主。殘，戕殺之也。

〔六〕以弟慢夫　太平御覽引注云：「謂慢棄不爲立節。」

〔七〕自殺於靡笄之地　靡，與「摩」同。史記作：「摩笄自殺，代人憐之。所死地名之爲靡笄之山。」

齊義繼母

齊義繼母者，齊二子之母也。當宣王時，有人鬬死於道者，吏訊之，被一創〔一〕，二子兄弟立其傍，吏問之，兄曰：「我殺之。」弟曰：「非兄也，乃我殺之。」期年，吏不能決，言之於相，相不能決，言之於王，王曰：「今皆赦之，是縱有罪也；皆殺之，是誅無辜也。寡人度其母能知子善惡，試問其母，聽其所欲殺活。」相召其母，問之曰：「母之子殺人，兄弟欲相代死，吏不能決，言之於王。王有仁惠，故問母何所欲殺活。」其母泣而對曰：「殺其少者。」相受其言，因而問之曰：「夫少子者，人之所愛也。今欲殺之，何也？」其母對曰：「少者，妾之子也。長者，前妻之子也。其父疾且死之時，屬之於妾曰：『善養視之。』妾

所生子
前妻子
齊義繼母
官府

曰：『諾。』今既受人之託，許人以諾，豈可以忘人之託而不信其諾邪？且殺兄活弟，是以私愛廢公義也；背言忘信，是欺死者也。夫言不約束，已諾不分，何以居於世哉？子雖痛乎，獨謂行何[二]？」泣下霑襟。相入言於王，王美其義，高其行，皆赦不殺，而尊其母，號曰義母。君子謂義母信而好義，絜而有讓[三]。詩曰：「愷悌君子，四方爲則。」此之謂也。

頌曰：義繼信誠，公正知禮。親假有罪[四]，相讓不已。吏不能決，王以問母。據信行義，卒免二子。

【補注】

〔一〕吏訊之被一創　訊，問也。創，傷也。

〔二〕子雖痛乎獨謂行何　藝文類聚引「行」作「義」，此誤。

〔三〕絜而有讓　絜，猶「挈」也。言執持然諾，堅固不移也。

〔四〕頌親假有罪　親，親子。假，假子也。

魯秋潔婦

潔婦者，魯秋胡子妻也[一]。既納之五日，去而官於陳[二]，五年乃歸。未至家，見路傍婦人採桑[三]，秋胡子悦之，下車謂曰：「若曝採桑[四]，吾行道遠，願託桑蔭下湌[五]，下齎休焉[六]。」婦人採桑不輟。秋胡子謂曰：「力田不如逢豐年，力桑不如見國卿[七]。吾有金，願以與夫人[八]。」婦人曰：「嘻！夫採桑力作，紡績織紝，以供衣食，奉二親，養夫子。吾不願金[九]，所願卿無有外意，妾亦無淫泆之志，收子之齎與笥金。」秋胡子遂去。至家，奉金遺母，使人唤婦至[一〇]，乃嚮採桑者也。秋胡子慙。婦曰：「子束髮辭親往仕[一一]，五年乃還[一二]，當所悦馳驟，揚塵疾至[一三]。今也乃悦路傍婦人，下子之糧，以金予之[一四]，是忘母也，忘母不孝。好色淫泆，是汙行也，汙行不義。夫事親不孝則事君不忠，處家不義則治官不理。孝義竝亡，必不遂矣。妾不忍見子改娶矣，妾亦不嫁。」遂去而東走，投河而死。君子曰：潔婦精於善。夫不孝莫大於不愛其親而愛其人[一五]，秋胡子有之矣。君子曰[一六]：「見善如不及，見不善如探湯。」秋胡子婦之謂也。詩曰：「惟是褊心[一七]，是以爲刺。」此之謂也。

頌曰：秋胡西仕，五年乃歸。遇妻不識，心有淫思。妻執無二，歸而相知。恥夫無義，遂東赴河。

【補注】

〔一〕潔婦者魯秋胡子妻也　文選注及藝文類聚引「潔婦」上有「魯秋胡」三字，「妻」上有「之」字，「也」下疊「秋胡子」三字。

〔二〕去而官於陳　類聚及選注引「官」俱作「宦」。

〔三〕見路傍婦人採桑　類聚及選注引作「有美婦人方採桑」，此脱「有美」、「方」三字。

〔四〕若曝採桑　類聚引作「暑日若曝獨採桑」。

〔五〕願託桑蔭下湌　類聚引「蔭」作「陰」，「下湌」作「下一食」。

〔六〕下齎休焉　齎，行裝所持也。休，息也。

〔七〕力桑不如見國卿　類聚引「國」作「公」。

〔八〕吾有金願以與夫人　類聚及選注引「吾」上俱有「今」字，此脱。

〔九〕吾不願金　類聚及選注引作「吾不願人之金」。

秋胡子

〔一〇〕使人唤婦至　選注引作「母使人呼其婦，婦至」，此脱「母」、「其婦」三字，又「呼」誤作「唤」。

〔一一〕子束髮辭親往仕　選注引「束髮」下有「修身」二字，此脱。

〔一二〕五年乃還　選注引「還」上有「得」字。

〔一三〕當所悦馳驟揚塵疾至　選注引「當」下有「見親戚」三字，而無「所悦」以下八字。太平御覽引作「當懽喜，乍馳乍驟，揚塵疾至，思見親戚」云云，乃知此及選注俱有缺脱，而此更誤，不可讀也。

〔一四〕下子之糧以金予之　選注引「糧」作「裝」，「予」作「與」。

〔一五〕夫不孝莫大於不愛其親而愛其人　本孝經文。「其人」當作「他人」，此涉上而誤。

〔一六〕君子曰　上已有「君子曰」三字，此衍，宜删。或「君子」當作「孔子」。

〔一七〕惟是褊心　毛詩「惟」作「維」。

周主忠妾

周主忠妾者，周大夫妻之媵妾也。大夫號主父，自衛仕於周二年〔一〕，且歸。其妻淫於鄰人，恐主父覺，其淫者憂之，妻曰：「無憂也，吾爲毒酒，封以待之矣。」三日，主父至，其

大夫主父
周主忠妾

妻曰：「吾爲子勞，封酒相待。」使媵婢取酒而進之。媵婢心知其毒酒也，計念進之則殺主父，不義；言之又殺主母，不忠。猶與〔二〕，因陽僵覆酒〔三〕。主大怒而笞之〔四〕。既已，妻恐媵婢言之，因以他過笞，欲殺之。媵知將死，終不言。主父弟聞其事，具以告主父。主父驚，乃免媵婢而笞殺其妻，使人陰問媵婢曰：「汝知其事，何以不言而反幾死乎？」媵婢曰：「殺主以自生〔五〕，又有辱主之名，吾死則死耳，豈言之哉？」主父高其義，貴其意，將納以爲妻，媵婢辭曰：「主辱而死，而妾獨生，是無禮也；代主之處，是逆禮也。無禮逆禮，有一猶愈，今盡有之，難以生矣。」欲自殺。主聞之，乃厚幣而嫁之，四鄰爭娶之。君子謂忠妾爲仁厚。夫名無細而不聞，行無隱而不彰。詩云：「無言不讎，無德不報。」此之謂也。

頌曰：周主忠妾，慈惠有序。主妻淫僻，藥酒毒主。使妾奉進，僵以除賊。忠全其主，終蒙其福。

【補注】

〔一〕自衛仕於周二年　藝文類聚、初學記引作：「周室大夫仕於周。」戰國策云：「周之上壂，有丈夫官三年不歸。」

〔二〕猶與　言疑惑不定也。曲禮曰：「定猶與。」

〔三〕因陽僵覆酒　陽，與「佯」同。僵，猶「仆」也。國策曰：「因佯僵而仆之。」覆，謂傾覆也。

〔四〕主大怒而笞之　「大」蓋「父」字之誤也。類聚、初學記俱引作「主父」。

〔五〕殺主以自生　主謂主母也。國語曰：「主孟啗我。」注云：「大夫之妻稱主，從夫稱也。」

魏節乳母

魏節乳母者，魏公子之乳母〔一〕。秦攻魏，破之，殺魏王瑕〔二〕，誅諸公子，而一公子不得，令魏國曰：「得公子者賜金千鎰，匿之者罪至夷〔三〕。」節乳母與公子俱逃，魏之故臣見乳母而識之曰：「乳母無恙乎？」乳母曰：「嗟乎！吾柰公子何？」故臣曰：「今公子安在？吾聞秦令曰：『有能得公子者賜金千鎰，匿之者罪至夷。』乳母倘言之，則可以得千金。知而不言，則昆弟無類矣。」乳母曰：「吁！吾不知公子之處。」故臣曰：「我聞公子與乳母俱逃。」母曰：「吾雖知之，亦終不可以言。」故臣曰：「今魏國已破亡，族已滅。子匿之，尚誰爲乎？」母吁而言曰：「夫見利而反上者，逆也；畏死而棄義者，亂也。今持逆亂而以求利，吾不爲也。且夫凡爲人養子者務生之，非爲殺之也。豈可利賞畏誅之故，廢正義而行逆節哉？妾不能生而令公子擒也。」遂抱公子逃於深澤之中。故臣以告秦軍，秦軍追見，争射之。乳母以身爲公子蔽，矢著身者數十〔四〕，與公子俱死。秦王聞之，貴其守忠死義，乃以卿禮葬之，祠以太牢，寵其兄爲五大夫〔五〕，賜金百鎰。君子謂節乳母慈惠敦厚，重義輕財。禮，爲孺子室於宫，擇諸母及阿者〔六〕，必求其寬然慈惠〔七〕、温良恭敬、慎而寡言者，使爲子師，次爲慈母，次爲保母，皆居子室以養全之，他人無事不得往。夫慈故能愛，乳狗搏虎，伏雞搏狸〔八〕，恩出於中心也。詩云：「行有死人，尚或墐之。」此之謂也。

頌曰：秦既滅魏，購其子孫。公子乳母，與俱遁逃〔九〕。守節執事，不爲利違。遂死不顧，名號顯遺〔一〇〕。

【補注】

〔一〕魏公子之乳母　「母」下脱「也」字。

〔二〕殺魏王瑕　史記「殺」作「虜」，「瑕」作「假」。

魏節乳母
秦軍

〔三〕匿之者罪至夷　匿，隱也。夷，滅也。言滅其族。

〔四〕矢著身者數十　韓詩外傳云：「著十二矢。」

〔五〕寵其兄爲五大夫　五大夫，第九爵也。

〔六〕擇諸母及阿者　阿，倚也。言可倚託也。内則作「可」，蓋聲借字耳。若讀作「可」，則擇於諸母即擇其可矣，何假更言可者也。

〔七〕必求其寬然慈惠　内則「然」作「裕」。

〔八〕乳狗搏虎伏雞搏狸　乳者，乳哺之也。伏之言抱也。搏，擊也。皆恐傷其子。

〔九〕頌與俱遁逃　當作「逃遁」，文誤倒，又失韻。

〔一〇〕名號顯遺　「遺」字蓋誤。

梁節姑姊

梁節姑姊者〔一〕，梁之婦人也。因失火〔二〕，兄子與其己子在内中〔三〕，欲取兄子，輒得其子，獨不得兄子。火盛，不得復入，婦人將自趣火，其友止之曰：「子本欲取兄之子，惶恐卒誤

梁節姑姊
鄰婦

得爾子，中心謂何，何至自赴火？」婦人曰：「梁國豈可户告人曉也？被不義之名，何面目以見兄弟、國人哉？吾欲復投吾子，爲失母之恩〔四〕。吾勢不可以生。」遂赴火而死。君子謂節姑姊潔而不汙。詩曰：「彼其之子，舍命不渝。」此之謂也。

頌曰：梁節姑姊，據義執理。子姪同内，火大發起。欲出其姪，輒得厥子。火盛自投，明不私己。

【補注】

〔一〕梁節姑姊者　姊，當作「妹」，今本俱誤，唯左傳釋文不誤，引此傳稱：「梁有節姑妹，謂父之妹也。」是矣。

〔二〕因失火　太平御覽引作「其室失火」。

〔三〕兄子與其己子在内中　「其」字或「己」字衍。

〔四〕吾欲復投吾子爲失母之恩　投，謂投諸火也。前已一再投之矣，失母之恩孰甚焉！節姑姊亦忍矣哉？

珠崖二義

二義者，珠崖令之後妻及前妻之女也〔一〕。女名初，年十三。珠崖多珠，繼母連大珠以爲繫臂〔二〕。及令死，當送喪。法，内珠入於關者死〔三〕。繼母棄其繫臂珠。其子男，年九歲，好而取之，置之母鏡奩中〔四〕，皆莫之知，遂奉喪歸。至海關，關候士吏搜索得珠十枚於繼母鏡奩中〔五〕，吏曰：「嘻！此值法〔六〕，無可柰何，誰當坐者？」初在左右顧，心恐母云置鏡奩中，乃曰：「初當坐之。」吏曰：「其狀何如？」對曰：「君不幸，夫人解繫臂棄之。初心惜之，取而置夫人鏡奩中，夫人不知也。」繼母聞之，遽疾行問初，初曰：「夫人所棄珠，初復取之，置夫人奩中，初當坐之。」母意亦以初爲實，然憐之，乃因謂吏曰：「願且待，幸無劾兒〔七〕，兒誠不知也。此珠，妾之繫臂也。君不幸，妾解去之而置奩中。迫奉喪道遠，與弱小俱〔八〕，忽然忘之，妾當坐之。」初固曰：「實初取之。」繼母又曰：「兒但讓耳，實妾取之。」因涕泣不能自禁。女亦曰：「夫人哀初之孤，欲强活初身〔九〕，夫人實不知也。」又因哭泣，泣下交頸，送葬者盡哭，哀慟傍人〔一〇〕，莫不爲酸鼻揮涕。關吏執筆書劾，不能就一字〔一一〕，關候垂泣，終日不能忍決，乃曰：「母子有義如此，吾寧坐之，不忍加文，且又相讓，安知孰是？」遂棄珠而遺之。既去，後乃知男獨取之也。君子謂二義慈孝。論語曰：「父爲子隱，子爲父隱，直在其中矣。」若繼母與假女推讓争死，哀感傍人，可謂直耳。頌曰：珠崖夫人，甚有母恩。假繼相讓，維女亦賢。納珠於關，各自伏愆。二義如此，爲世所傳。

【補注】

〔一〕珠崖令之後妻　「令」字誤也。後漢郡國志：「朱崖屬合浦郡。」此稱朱崖令，則當在後漢時，其誤審矣。漢武帝元封元年立珠崖郡，見賈捐之傳。

〔二〕繼母連大珠以爲繫臂　連，綴也。繫臂，以繩貫珠，繫臂爲飾也。急就篇曰：「係臂琅玕虎魄龍，璧碧珠璣玫瑰罋。」

〔三〕法内珠入於關者死　内，與「納」同。珠崖以産珠得名，恐官吏不廉，私自懷挾入關，故坐此者，法至死也。

〔四〕置之母鏡奩中　奩，當作「籢」，盛鏡之器也。或曰：盛香器亦名「籢」，其字又作「匳」也。

〔五〕關候士吏　士，當作「主」，字形之誤。

送葬人
繼母
前妻子

〔六〕吏曰嘻此值法　值，當也。言犯法當刑也。

〔七〕願且待幸無劾兒　劾，推覈也。所以覈有罪也。

〔八〕與弱小俱　俱，偕也。言與兒女輩偕行，意緒煩亂，無所省記也。

〔九〕欲强活初身　太平御覽引「身」作「耳」，此蓋形誤。

〔一〇〕哀慟傍人　慟，當爲「動」，誤衍其傍耳。

〔一一〕關吏執筆書劾不能就一字　就，成也。言不能成獄辭。

郃陽友娣

友娣者，郃陽邑任延壽之妻也〔一〕。字季兒，有三子。季兒兄季宗與延壽争葬父事〔二〕，延壽與其友田建陰殺季宗。建獨坐死，延壽會赦，乃以告季兒。季兒曰：「嘻！獨今乃語我乎？」遂振衣欲去〔三〕，問曰：「所與共殺吾兄者爲誰？」延壽曰：「田建。田建已死，獨我當坐之，汝殺我而已。」季兒曰：「殺夫不義，事兄之讎亦不義。」延壽曰：「吾不敢留汝，願以車馬及家中財物盡以送汝，聽汝所之。」季兒曰：「吾當安之？兄

任延壽
延壽妻
三子

死而讎不報，與子同枕席，而使殺吾兄，内不能和夫家，又縱兄之仇，何面目以生而戴天履地乎？」延壽慙而去，不敢見季兒。季兒乃告其大女曰：「汝父殺吾兄，義不可以留，又終不復嫁矣。吾去汝而死，善視汝兩弟。」遂以繦自經而死〔四〕。馮翊王讓聞之，大其義，令縣復其三子而表其墓。君子謂友娣善復兄仇。詩曰：「不僭不賊，鮮不爲則。」季兒可以爲則矣。

頌曰：季兒樹義，夫殺其兄。欲復兄讎，義不可行。不留不去，遂以自殃。馮翊表墓，嘉其義明。

【補注】

〔一〕友娣者郃陽邑任延壽之妻也　友，愛也。娣，女弟也。郃陽縣，屬左馮翊，見漢地理志。

〔二〕與延壽爭葬父事　其事今所未詳。

〔三〕遂振衣欲去　振，動也。動衣，去塵也。

〔四〕遂以繦自經而死　繦，絲之粗纇有節者也。玉篇：「錢貫也。」漢食貨志：「臧繦千萬。」

京師節女
夫仇人

京師節女

京師節女者，長安大昌里人之妻也[一]。其夫有仇人，欲報其夫而無道徑，聞其妻之仁孝有義，乃劫其妻之父，使要其女爲中譎[二]。父呼其女告之，女計念不聽之則殺父[三]，不孝；聽之則殺夫，不義。不孝不義，雖生不可以行於世。欲以身當之，乃且許諾曰：「旦日在樓上新沐[四]，東首卧則是矣。妾請開户牖待之。」還其家，乃告其夫，使卧他所，因自沐，居樓上東首，開户牖而卧。夜半，仇家果至，斷頭持去，明而視之，乃其妻之頭也。仇人哀痛之，以爲有義，遂釋不殺其夫。君子謂節女仁孝，厚於恩義也。夫重仁義，輕死亡，行之高者也。論語曰：「君子殺身以成仁，無求生以害仁。」此之謂也。

頌曰：京師節女，夫讎劫父。要女間之，不敢不許。期處既成，乃易其所。殺身成仁，義冠天下。

【補注】

〔一〕長安大昌里人之妻也　三輔黄圖引無「之妻」二字。

〔二〕使要其女爲中譎　要，約也。藝文類聚引「中譎」作「中閒」。

〔三〕父呼其女告之女計念不聽之　類聚引「女計」作「計女」，「計」字屬上句。此文誤倒耳。

〔四〕乃且許諾曰旦日在樓上　類聚引「曰旦」作「因曰」二字，「日」作「夜」，今本俱誤。

列女傳補注卷五

列女傳補注卷六

福山　王照圓

辯通傳

齊管妾婧

妾婧者[一]，齊相管仲之妾也。甯戚欲見桓公，道無從，乃爲人僕，將車宿齊東門之外[二]。桓公因出，甯戚擊牛角而商歌甚悲，桓公異之，使管仲迎之，甯戚稱曰：「浩浩乎白水。」管仲不知所謂，不朝五日，而有憂色。其妾婧進曰：「今君不朝五日，而有憂色，敢問國家之事邪？君之謀也？」管仲曰：「非汝所知也。」婧曰：「妾聞之也，毋老老，毋賤賤，毋少少，毋弱弱。」管仲曰：「何謂也？」「昔者太公望年七十[三]，屠牛於朝歌市，八十爲天子師，九十而封於齊，由是觀之，老可老邪？夫伊尹，有㜪氏之媵臣也，湯立以爲三公，天下之治太平，由是觀之，賤可賤邪？臯子生五歲而贊禹[四]，由是觀之，少可少邪？駃騠生七日而超其母[五]，由是

辯通傳
妾婧
管仲
甯戚

觀之，弱可弱邪？」於是管仲乃下席而謝曰：「吾請語子其故。昔日公使我迎甯戚，甯戚曰：『浩浩乎白水。』吾不知其所謂，是故憂之。」其妾笑曰：「人已語君矣，君不知識邪？古有白水之詩〔六〕，詩不云乎：『浩浩白水，儵儵之魚〔七〕。君來召我，我將安居？國家未定，從我焉如？』此甯戚之欲得仕國家也〔八〕。」管仲大悦，以報桓公。桓公乃修官府，齋戒五日，見甯子，因以爲佐，齊國以治。君子謂妾婧爲可與謀。詩云：「先民有言，詢于芻蕘。」此之謂也。

頌曰：桓遇甯戚，命管迎之。甯戚白水，管仲憂疑。妾進問焉，爲説其詩。管嘉報公，齊得以治。

【補注】

〔一〕妾婧者　婧，有才辯之名也。音菁。

〔二〕將車宿齊東門之外　將，扶進也。

〔三〕昔者太公望　此皆婧之言也。「昔者」上脱「婧曰」二字。

〔四〕睾子生五歲而贊禹　睾，與「臯」同。史記正義引作：「陶子生五歲而佐禹。」曹大家注云：「陶子者，臯陶之子伯益也。」

〔五〕駃騠生七日而超其母　駃騠，馬父贏子之駿名也。剖母腹而生，生七日而踰其母，言其强力。

〔六〕古有白水之詩　逸詩也。

〔七〕浩浩白水儵儵之魚　管子小問篇作「浩浩者水，育育者魚」。

〔八〕君來召我我將安居國家未定從我焉如此甯戚之欲得仕國家也　管子作：「未有室家，而安召我居，甯子其欲室乎？」與此不同。

楚江乙母

楚大夫江乙之母也。當恭王之時，乙爲郢大夫〔一〕。有入王宫中盜者，令尹以罪乙，請於王而絀之〔二〕。處家無幾何，其母亡布八尋〔三〕，乃往言於王曰：「妾夜亡布八尋，令尹盜之。」王方在小曲之臺，令尹侍焉。王謂母曰：「令尹信盜之，寡人不爲其富貴而不行法焉。若不盜而誣之，楚國有常法。」母曰：「令尹不身盜之也，乃使人盜之。」王曰：「其使人盜柰何？」對曰：「昔孫叔敖之爲令尹也，道不拾遺，門不閉關〔四〕，而盜賊自息。今令尹之治也，耳目不明，盜賊公行，是故使盜得盜妾之布，是與使人盜何以異也？」王曰：「令尹在上，寇盜在下，令尹不知，有何罪焉？」母曰：「吁！何大王之言過也！昔日妾之子爲郢大夫，有盜王宮中之物者，妾子坐而絀，妾子亦豈知之哉？然終坐之。令尹獨何人，而不以是爲過也？昔者周武王有言曰：『百姓有過，在予一人。』上不明則下不治，相不賢則國不寧。所謂國無人者，非無人也，無理人者也〔五〕。王其察之。」王曰：「善。非徒譏令尹，又譏寡人〔六〕。」命吏償母之布〔七〕，因賜金千鎰，母讓金、布曰：「妾豈貪貨而失大王哉？怨令尹之治也。」遂去，不肯受。王曰：「母智若此，其子必不愚。」乃復召江乙而用之。君子謂乙母善以微喻〔八〕。詩云：「猷之未遠，是用大諫。」此之謂也。

頌曰：江乙失位，乙母動心。既歸家處，亡布八尋。指責令尹，辭甚有度。王復用乙，賜母金布。

【補注】

〔一〕當恭王之時乙爲郢大夫　恭王，莊王之子。戰國策，乙當荆宣王之時。郢，楚别邑也，或曰楚都。

〔二〕請於王而絀之　絀，黜也。

楚恭王
令尹
楚江乙母

〔三〕其母亡布八尋　八尺爲尋，倍尋爲常。五尺爲墨，倍墨爲丈。八尋長六丈四尺也。亡，失也。

〔四〕門不閉關　關，以横木持門户也。

〔五〕無理人者也　理，治也。

〔六〕非徒譏令尹又譏寡人　譏，諫也，又呵察也。

〔七〕命吏償母之布　償，還也。

〔八〕君子謂乙母善以微喻　喻，與「諭」同，曉譬也。

晉弓工妻

弓工妻者，晉繁人之女也。當平公之時，使其夫爲弓，三年乃成。平公引弓而射，不穿一札〔一〕。平公怒，將殺弓人。弓人之妻請見，曰：「繁人之子，弓人之妻也〔二〕。願有謁於君。」平公見之，妻曰：「君聞昔者公劉之行乎？羊牛踐葭葦，惻然爲民痛之〔三〕。恩及草木，豈欲殺不辜者乎？秦穆公有盜食其駿馬之肉，反飲之以酒。楚莊王臣援其夫人之衣而絶纓，與飲大樂〔四〕。此三君者，仁著於天下，卒享其報，名垂至今。昔帝堯茅茨不翦，采椽不斲，土階

晋平公
弓工
弓工妻

三等〔五〕，猶以爲爲之者勞，居之者逸也。今妾之夫治造此弓，其爲之亦勞。其幹生於太山之阿，一日三覩陰，三覩陽〔六〕。傅以燕牛之角，纏以荆麋之筋，糊以阿魚之膠〔七〕。此四者，皆天下之妙選也，而君不能以穿一札，是君之不能射也，而反欲殺妾之夫，不亦謬乎？妾聞射之道，左手如拒，右手如附枝，右手發之，左手不知〔八〕，此蓋射之道也。」平公以其言而射，穿七札。繁人之夫立得出，而賜金三鎰。君子謂弓工妻可與處難。詩曰：「敦弓既堅」，「舍矢既鈞」。言射有法也。

頌曰：晉平作弓，三年乃成。公怒弓工，將加以刑。妻往說公，陳其幹材。列其勞苦，公遂釋之。

【補注】

〔一〕平公引弓而射不穿一札　札，甲葉也。太平御覽引綦母邃注曰：「札，鎧也。」鎧即甲。

〔二〕繁人之子弓人之妻也　御覽引綦母邃注曰：「繁人，官名。」

〔三〕君聞昔者公劉之行乎羊牛踐葭葦惻然爲民痛之　大雅行葦之詩曰：「敦彼行葦，牛羊勿踐履。」此引以爲公劉之事，蓋魯詩説也。

〔四〕而絶纓與飲大樂　纓，冠纓也。事見韓詩外傳。上文「盜食馬肉，反飲之以酒」，見史記。

〔五〕昔帝堯茅茨不翦采椽不斲土階三等　茨，以茅葦蓋屋也。采木似櫟以爲椽，不加斲治也。等，階級也。三等，言卑也。

〔六〕其幹生於太山之阿一日三覩陰三覩陽　韓詩外傳曰「太山之南，烏號之柘」是也。覩陰陽，察視其陰陽也。向日爲陽，背日爲陰。考工記曰：「必矩其陰陽。」

〔七〕糊以阿魚之膠　藝文類聚引「阿」作「河」，與韓詩外傳同。北堂書鈔仍引作「阿」。阿魚，未詳。疑作「河」者是。御覽引綦母邃注曰：「燕角善，楚筋細，阿膠粘也。」

〔八〕左手如拒右手如附枝右手發之左手不知　如拒，言力勇也。附枝，不敢縱也。左手不知，捥不動也。韓詩外傳曰：「手若附枝，掌若握卵，四枝如斷短杖。右手發之，左手不知。」越絶書曰：「左手如附泰山，右手如抱嬰兒。」此諸文不同，其意皆相近。「如拒」之「拒」，御覽引作「矩」。

齊傷槐女

齊傷槐女者，傷槐衍之女也，名婧〔一〕。景公有所愛槐，使人守之，植木懸之〔二〕，下令曰：

「犯槐者刑，傷槐者死。」於是，衍醉而傷槐。景公聞之曰：「是先犯我令。」使吏拘之〔三〕，且加罪焉。婧懼，乃造於相晏子之門曰：「賤妾不勝其欲，願得備數於下。」晏子聞之，笑曰：「嬰其有淫色乎，何爲老而見奔？殆有説，内之，至哉〔四〕。」既入門，晏子望見之曰：「怪哉！有深憂。」進而問焉，對曰：「妾父衍幸得充城郭爲公民，見陰陽不調，風雨不時，五穀不滋之故，禱祠於名山神水，不勝麴糵之味，先犯君令，醉至於此，罪故當死。妾聞明君之莅國也，不損禄而加刑，又不以私恚害公法，不爲六畜傷民人，不爲野草傷禾苗。昔者宋景公之時〔五〕，大旱，三年不雨，召太卜而卜之曰：『當以人祀之。』景公乃降堂，北面稽首曰：『吾所以請雨者，乃爲吾民也。今必當以人祀，寡人請自當之。』言未卒，天大雨，方千里。所以然者，何也？以能順天慈民也。今吾君樹槐，令犯者死。欲以槐之故殺婧之父，孤妾之身，妾恐傷執政之法而害明君之義也。鄰國聞之，皆謂君愛樹而賤人，其可乎？」晏子惕然而悟。明日朝，謂景公曰：「嬰聞之：窮民財力謂之暴，崇玩好、威嚴令謂之逆，刑殺不正謂之賊。夫三者，守國之大殃也。今君窮民財力以美飲食之具，繁鐘鼓之樂，極宫室之觀，行暴之大者也。崇玩好、威嚴令，是逆民之明者也〔六〕。『犯槐者刑，傷槐者死』，刑殺不正，賊民之深者也。」公曰：「寡人敬受命。」晏子出，景公即時命罷守槐之役，拔植懸

晏相
傷槐女

之木，廢傷槐之法，出犯槐之囚。君子曰：傷槐女能以辭免。詩云：「是究是圖，亶其然乎？」此之謂也。

頌曰：景公愛槐，民醉折傷。景公將殺，其女悼惶。奔告晏子，稱說先王。晏子爲言，遂免父殃。

【補注】

〔一〕傷槐衍之女也名婧　晏子春秋無「衍」、「婧」之名。此載其名，又失其姓也。

〔二〕植木懸之　樹木以表槐，懸令其上也。

〔三〕使吏拘之　拘，執也。

〔四〕殆有説内之至哉　殆有説，言女必有解説也。内，與「納」同。内之，言令女入也。至哉，言趣之來也。凡作三句讀。

〔五〕昔者宋景公之時　宋景公在齊景公之後。晏子春秋無此以下文㊀。

㊀「晏」，底本原誤作「景」，今改正。

鄭簡公
楚野辯女

〔六〕是逆民之明者也　明，猶「著」也。

楚野辨女

楚野辨女者，昭氏之妻也〔一〕。鄭簡公使大夫聘於荆，至於狹路，有一婦人乘車與大夫轂擊而折大夫車軸。大夫怒，將執而鞭之。婦人曰：「君子不遷怒，不貳過。今於狹路之中，妾已極矣〔二〕，而子大夫之僕不肯少引〔三〕，是以敗子大夫之車，而反執妾，豈不遷怒哉？既不怒僕，而反怒妾，豈不貳過哉？周書曰：『毋侮鰥寡，而畏高明〔四〕。』今子列大夫而不爲之表，而遷怒貳過，釋僕執妾，輕其微弱，豈可謂不侮鰥寡乎？吾鞭則鞭耳，惜子大夫之喪善也。」大夫慚而無以應，遂釋之而問之，對曰：「妾楚野之鄙人也。」大夫曰：「盍從我於鄭乎？」對曰：「既有狂夫昭氏在内矣。」遂去。君子曰：辨女能以辭免。詩云：「惟號斯言，有倫有脊。」此之謂也。

頌曰：辨女獨乘，遇鄭使者。鄭使折軸，執女忿怒。女陳其冤，亦有其序。鄭使慚去，不敢談語。

【補注】

〔一〕楚野辨女者昭氏之妻也　昭、屈、景，楚之公族大家，非鄙野之人，此稱未聞。

〔二〕妾已極矣　極，猶「窮」也。言狹路窮極無可避也。

〔三〕而子大夫之僕不肯少引　子者，尊之之稱。引，猶「卻」也。言子之僕不肯少引卻，是其過在僕。

〔四〕周書曰毋侮鰥寡而畏高明　今書洪範作「毋虐煢獨」。虐，本或作「侮」。此「鰥寡」亦但微弱之稱耳。既云有夫，即非鰥寡明矣。

阿谷處女

阿谷處女者，阿谷之隧浣者也。孔子南遊，過阿谷之隧〔一〕，見處子佩瑱而浣〔二〕。孔子謂子貢曰：「彼浣者，其可與言乎？」抽觴以授子貢曰：「爲之辭，以觀其志。」子貢曰：「我北鄙之人也，自北徂南，將欲之楚，逢天之暑，我思譚譚〔三〕，願乞一飲，以伏我心。」處子曰：「阿谷之隧，隱曲之地〔四〕，其水一清一濁，流入於海，欲飲則飲，何問乎婢子？」授子貢觴〔五〕，迎流而挹之，投而棄之；從流而挹之，滿而溢之，跪置沙上，曰：

「禮不親授。」子貢還報其辭。孔子曰：「丘已知之矣。」抽琴去其軫〔六〕，以授子貢曰：「爲之辭。」子貢往曰：「嚮者聞子之言，穆如清風，不拂不寤，私復我心〔七〕。有琴無軫，願借子調其音。」處子曰：「我鄙野之人也，陋固無心〔八〕，五音不知，安能調琴？」子貢以報孔子。孔子曰：「丘已知之矣。過賢則賓〔九〕。」抽絺紘五兩以授子貢曰〔一〇〕：「爲之辭。」子貢往曰：「吾北鄙之人也，自北徂南，將欲之楚，有絺紘五兩，非敢以當子之身也，願注之水旁。」處子曰：「行客之人，嗟然永久，分其資財，棄於野鄙，妾年甚少，何敢受子？子不早命，竊有狂夫名之者矣〔一一〕。」子貢以告孔子。孔子曰：「丘已知之矣。斯婦人達於人情而知禮。」詩云：「南有喬木，不可休息〔一二〕。漢有遊女，不可求思。」此之謂也。

頌曰：孔子出遊，阿谷之南。異其處子，欲觀其風。子貢三反，女辭辨深。子曰達情，知禮不淫。

【補注】

〔一〕過阿谷之隧　隧，道也。文選注引「隧」作「隊」，音義同耳。

子貢
阿谷處女

〔二〕見處子佩瑱而浣　太平御覽引「瑱」作「璜」。璜，半璧也。

〔三〕我思譚譚　夫子曰：譚譚，韓詩外傳作「潭潭」，蓋皆「燂燂」之借音耳。説文云：「燂，火熱也。」疑作「燂」爲是。

〔四〕隱曲之地　韓詩外傳「地」作「汜」，此誤。

〔五〕授子貢觴　授，當作「受」，字之誤也。

〔六〕抽琴去其軫　軫之言「抮」，所以戾絃者也。

〔七〕不拂不寤私復我心　寤，觸牾也。拂、寤皆乖違之意。私復，韓詩外傳作「和暢」。

〔八〕陋固無心　韓詩外傳作「僻陋無心」。

〔九〕過賢則賓　賓，禮敬也。

〔一〇〕抽絺綌五兩　絺綌，所以當暑，葛越之屬也。五兩，五尋也。雜記曰：「束五兩，兩五尋。」

〔一一〕子不早命竊有狂夫名之者矣　命，婚姻之命也。名，男女有行媒，相知名也。此言己已有夫，卻其禮幣也。

〔一二〕不可休息　韓詩外傳「息」作「思」。此魯詩也，當與韓詩同，唯毛詩作「息」耳。

趙津女娟

趙津女娟者，趙河津吏之女，趙簡子之夫人也。初，簡子南擊楚，與津吏期。簡子至，津吏醉卧不能渡，簡子欲殺之。娟懼，持楫而走[一]，簡子曰：「女子走何爲？」對曰：「津吏息女。妾父聞主君來渡不測之水，恐風波之起，水神動駭，故禱祠九江三淮之神[二]，供具備禮，御釐受福，不勝玉祝杯酌餘瀝[三]，醉至於此。君欲殺之，妾願以鄙軀易父之死。」簡子曰：「非女之罪也[四]。」娟曰：「主君欲因其醉而殺之，妾恐其身之不知痛，而心不知罪也。若不知罪殺之，是殺不辜也。願醒而殺之，使知其罪。」簡子曰：「善。」遂釋不誅。簡子將渡，用楫者少一人，娟攘卷摻楫而請曰[五]：「妾願備父持楫[六]。」簡子曰：「不穀將行[七]，選士大夫，齊戒沐浴，義不與婦人同舟而渡也。」娟對曰：「妾聞昔者湯伐夏，左驂驪，右驂牝靡[八]，而遂放桀。武王伐殷，左驂牝騏，右驂牝驥[九]，而遂克紂，至於華山之陽。主君不欲渡則已，與妾同居，又何傷乎？」簡子悦，遂與渡[一〇]。中流，爲簡子發河激之歌[一一]，其辭曰：「升彼阿兮面觀清[一二]，水揚波兮杳冥冥。禱求福兮醉不醒，誅將加兮妾心驚。罰既釋兮瀆乃清，妾持楫兮操其維[一三]。蛟龍助兮主將歸，呼來擢兮行勿疑[一四]。」簡子大悦，曰：「昔者不穀夢娶妻，豈此女乎？」將使人祝祓以爲夫人。娟乃再拜而辭曰：「夫婦，人之禮，非媒不嫁。嚴親在内，不敢聞命。」遂辭而去。簡子歸，乃納幣於父母，而立以爲夫人。君子曰：女娟通達而有辭。詩云：「來遊來歌，以矢其音。」此之謂也。

頌曰：趙簡渡河，津吏醉荒。將欲加誅，女娟恐惶。操檝進説，父得不喪。維久難蔽，終遂發揚。

【補注】

〔一〕娟懼持檝而走　楫㊀，櫂也。所以進船也。

〔二〕故禱祠九江三淮之神　趙之河津，去江淮遠矣。禱祠及之，蓋望祭歟？三淮之名，所未聞焉。

〔三〕御釐受福不勝玉祝杯酌餘瀝　御，讀爲「迓」。迓，迎也。釐，亦福也。祝，工祝也。藝文類聚引「玉」作「巫」，此作「玉」者，字形之誤耳。餘瀝，餘酒滴瀝也。

〔四〕非女之罪也　女音汝。

〔五〕娟攘卷摻檝　攘卷，見魯季敬姜傳中。摻，執也。文選詩注引作「娟攘袂操楫」。

㊀楫，底本如此，尋上下文義，當作「檝」。

趙津女娟
趙簡公

〔六〕妾願備父持檝　藝文類聚、北堂書鈔俱引「備父」作「備員」，此作「父」，誤矣。書鈔云：「妾居河濟之閒，世習舟楫之事，願備員持楫。」較今本增多十一字，而文義尤善也。

〔七〕不穀將行　不穀，謙也。王侯自稱曰不穀。

〔八〕左驂驪右驂牝靡　「驪」上當脱「牝」字。靡，於馬未聞。

〔九〕左驂牝騏右驂牝驥　驥，蓋與「騜」同。

〔一〇〕簡子悦遂與渡　選注引作「簡子簉之，遂與渡」。簉，蓋副貳之言也。

〔一一〕中流爲簡子發河激之歌　太平御覽引綦母邃曰：「河水激揚，濟之不易。」

〔一二〕升彼阿兮面觀清　阿，蓋「舸」字之誤耳。選注引「阿」作「河」，「面」作「而」，恐非。

〔一三〕妾持檝兮操其維　維，繫也。詩曰：「汎汎楊舟，紼纚維之。」

〔一四〕呼來擢兮行勿疑　擢，當作「櫂」，謂楫也。

趙佛肸母

趙佛肸母者，趙之中牟宰佛肸之母也〔一〕。佛肸以中牟叛。趙之法，以城叛者，身死家

趙君
佛肹母

收〔二〕。佛肸之母將論〔三〕，自言曰：「我死不當。」士長問其故〔四〕，母曰：「爲我通於主君乃言，不通則老婦死而已。」士長爲之言於襄子，襄子出問其故〔五〕，母曰：「不得見主君則不言。」於是襄子見而問之曰：「不當死，何也？」母曰：「妾之當死，亦何也？」襄子曰：「而子反。」母曰：「子反，母何爲當死？」襄子曰：「母不能教子，故使至於反，母何爲不當死也？」母曰：「吁！以主君殺妾爲有説也，乃以母無教邪？妾之職盡久矣，此乃在於主君。妾聞子少而慢者，母之罪也；長而不能使者，父之罪也。今妾之子少而不慢，長又能使，妾何負哉？妾聞之，子少則爲子，長則爲友，夫死從子。妾能爲君長子，君自擇以爲臣，妾之子與在論中，此君之臣，非妾之子。君有暴臣，妾無暴子，是以言妾無罪也。」襄子曰：「善！夫佛肸之反，寡人之罪也。」遂釋之。君子曰：佛肸之母一言而發襄子之意，使行不遷怒之德，以免其身。詩云：「既見君子，我心寫兮。」此之謂也。

頌曰：佛肸既叛，其母任理。將就於論，自言襄子。陳列母職，子長在君。襄子説之，遂釋不論。

【補注】

〔一〕趙之中牟宰　漢地理志：「中牟屬河南郡，圃田澤在西，趙獻侯自耿徙此。」獻侯，襄子之子也。

是中牟爲趙氏邑。宰，邑長也。

〔二〕以城叛者身死家收　收，執拘也。詩曰：「此宜無罪，女反收之。」

〔三〕佛肸之母將論　論，謂論死也。

〔四〕士長問其故　士長，理官之長也。

〔五〕襄子出問其故　以下文推之，「出」當作「使」。

齊威虞姬

虞姬者，名娟之〔一〕，齊威王之姬也。威王即位，九年不治，委政大臣〔二〕，佞臣周破胡專權擅勢，嫉賢妒能，即墨大夫賢，而日毁之；阿大夫不肖，反日譽之。虞姬謂王曰：「破胡，讒諛之臣也，不可不退。齊有北郭先生者，賢明有道〔三〕，可置左右。」破胡聞之，乃惡虞姬曰：「其幼弱在於閭巷之時，嘗與北郭先生通。」王疑之，乃閉虞姬於九層之臺，而使有司即窮驗問。破胡賂執事者，使竟其罪〔四〕。執事者誣其辭而上之。王視其辭，不合於意〔五〕，乃召虞姬而自問焉，虞姬對曰：「妾娟之幸得蒙先人之遺體，生於天壤之間，去蓬廬之下，侍明王之讌，泥附王著〔六〕，薦牀蔽席，供執埽除，掌奉湯沐，至今十餘年矣。惓惓之心〔七〕，冀幸補一言，而爲邪臣所擠〔八〕，湮於百重之下〔九〕，不意大王乃復見而與之語。妾聞玉石墜泥不爲汙，柳下覆寒女不爲亂〔一〇〕，積之於素雅〔一一〕，故不見疑也。經瓜田不躡履，過李園不正冠，妾不避此，罪一也〔一二〕。既陷難中，有司受賂，聽用邪人，卒見覆冒，不能自明。妾聞寡婦哭城，城爲之崩；亡士歎市，市爲之罷〔一三〕。誠信發內，感動城市。妾之冤明於白日，雖獨號於九層之内，而衆人莫爲豪釐〔一四〕，此妾之罪二也。既有汙名，而加此二罪，義固不可以生。所以生者，爲莫白妾之汙名也。且自古有之，伯奇放野〔一五〕，申生被患，孝順至明，反以爲殘〔一六〕。妾既當死，不復重陳，然願戒大王，羣臣爲邪，破胡最甚，王不執政，國殆危矣。」於是王大寤，出虞姬，顯之於朝市，封即墨大夫以萬户，烹阿大夫與周破胡。遂起兵收故侵地，齊國震懼，人知烹阿大夫，不敢飾非，務盡其職，齊國大治。君子謂虞姬好善。詩云：「既見君子，我心則降。」此之謂也。

頌曰：齊威惰政，不治九年。虞姬譏刺，反害其身。姬列其事，上指皇天。威王覺寤，卒距强秦。

墨大夫
阿大夫
齊威王
周破胡
虞姬

【補注】

〔一〕虞姬者名娟之　文選注引「娟」作「損」。

〔二〕九年不治委政大臣　選注引有「諸侯竝侵之」五字，疑在此句下，今脱去之。

〔三〕賢明有道　選注引「有」作「於」。

〔四〕破胡賂執事者使竟其罪　竟，窮治之也。

〔五〕王視其辭不合於意　疑其辭不閲實。

〔六〕侍明王之讌泥附王著　讌，與「燕」同。泥，當作「昵」。燕昵，親近也。附王著，當作「附著王」，誤倒其文耳。

〔七〕惓惓之心　惓惓，猶「拳拳」也。拳拳，猶「勤勤」也。明德馬皇后曰：「違慈母之拳拳乎。」

〔八〕而爲邪臣所擠　擠，排抵也。

〔九〕湮於百重之下　湮，墜也。百重之下，喻深也。

〔一〇〕柳下覆寒女不爲亂　毛詩傳曰：「嫗不逮門之女，國人不稱其亂。」

〔一一〕積之於素雅　素，猶「故」也。雅，猶「常」也。積之於故常，言其久也。

〔一二〕經瓜田不躡履過李園不正冠妾不避此罪一也　姬言北郭先生賢，自恨避嫌之不審也。「瓜田」二語，出古諺。

〔一三〕亡士歎市市爲之罷　左傳魯文公之夫人姜氏哭而過市，市人皆哭。疑此事也。但「亡士」二字，未知何字之誤。夫子曰：亡士歎市，疑用伍子胥吹簫吳市事，見春秋後語。「亡士」二字非誤也。

〔一四〕而衆人莫爲豪釐　言衆人莫爲伸理也。豪釐，喻微小也。賈子新書云：「十豪爲髮，十髮爲釐。」

〔一五〕伯奇放野　尹吉甫聽後妻之譖，逐孝子伯奇，琴操有其事也。

〔一六〕孝順至明反以爲殘　殘，賊也。言伯奇、申生皆以孝順誣被殘賊之名。

齊鍾離春

鍾離春者，齊無鹽邑之女〔一〕，宣王之正后也。其爲人極醜無雙，臼頭深目〔二〕，長指大節〔三〕，卬鼻結喉〔四〕，肥項少髮，折腰出胷〔五〕，皮膚若漆。行年四十〔六〕，無所容入，衒嫁不售〔七〕，流棄莫執〔八〕。於是乃拂拭短褐〔九〕，自詣宣王，謂謁者曰：「妾，齊之不售女也。聞君王之聖德，願備後宫之埽除，頓首司馬門外〔一〇〕，唯王幸許之。」謁者以聞，宣王方置酒於漸臺，左右聞之，莫不掩口大笑曰：「此天下强顔女子也，豈不異哉？」於是宣王乃召見之，謂曰：「昔者先王爲寡人娶妃匹，皆已備有列位矣。今夫人不容於鄉里布衣，而欲干萬乘之主，亦有何奇能哉？」鍾離春對曰：「無有。特竊慕大王之美義耳。」王曰：「雖然，何喜？」良久曰：「竊嘗喜隱〔一一〕。」宣王曰：「隱，固寡人之所願也，試一行之。」言未卒，忽然不見〔一二〕。宣王大驚，立發隱書而讀之〔一三〕，退而推之〔一四〕，又未能得。明日，又更召而問之，不以隱對，但揚目銜齒，舉手拊膝，曰：「殆哉！殆哉！」如此者四。宣王曰：「願遂聞命。」鍾離春對曰：「今大王之君國也，西有衡秦之患，南有强楚之讎，外有二國之難，内聚姦臣，衆人不附。春秋四十，壯男不立，不務衆子而務衆婦，尊所好，忽所恃。一旦山陵崩弛，社稷不定，此一殆也。漸臺五重，黄金白玉，琅玕籠疏，翡翠珠璣，幕絡連飾〔一五〕，萬民罷極，此二殆也。賢者匿於山林，諂諛强於左右，邪僞立於本朝，諫者不得通入，此三殆也。飲酒沈湎，以夜繼晝，女樂俳優〔一六〕，縱横大笑。外不修諸侯之禮，内不秉國家之治，此四殆也。故曰：『殆哉！殆哉！』」於是宣王喟然而嘆曰：「痛乎無鹽君之言！乃今一聞。」於是拆漸臺，罷女樂，退諂諛，去雕琢，選兵馬，實府庫，四辟公門〔一七〕，招進直言，延及側陋。卜擇吉日，立太子，進慈母，拜無鹽君爲后。而齊國大安者，醜女之力也。君子謂鍾離春正而有辭。詩云：「既見君子，我心則喜。」此之謂也。

齊宣王
无盐女

頌曰：無鹽之女，干説齊宣。分别四殆，稱國亂煩。宣王從之，四辟公門。遂立太子，拜無鹽君。

【補注】

〔一〕齊無鹽邑之女　漢地理志，無鹽邑屬東平國。今之東平州是其地。

〔二〕臼頭深目　初學記引「臼」作「凹」。凹頭，頭頂窊陷也。後漢書注引作「白頭」，新序同，誤也。

〔三〕長指大節　後漢書注引「指」作「壯」。大節，言骨節大也。

〔四〕卬鼻結喉　卬，猶「仰」也，仰鼻露孔也。喉，咽喉也。結喉，擁腫也。

〔五〕折腰出匈　折腰，駝背。後漢書注引「出」作「凸」。凸胸，言胸骨突出也。

〔六〕行年四十　初學記引「四」作「三」。

〔七〕衒嫁不售　衒，賣也。言自誇耀以求售也。初學記及後漢書注引「衒」作「行」。

〔八〕流棄莫執　執，猶「處」也。言流離捐棄，莫有居處也。

〔九〕於是乃拂拭短褐　褐，毛布也。短褐，言其貧。

〔一〇〕頓首司馬門外　三輔黄圖：「宫之外門爲司馬門。」漢未央、長樂、甘泉宫，四面皆有公車司馬門也。

〔一一〕竊嘗喜隱　隱，隱語也。

〔一二〕言未卒忽然不見　按：此七字，新序亦同，殆不可曉。審爾，是遁形之術，非隱語之謂也。竊詳文義，「言未卒」下疑當作「瞑目不見」四字，此即所謂隱也。

〔一三〕立發隱書而讀之　漢書藝文志「隱書十八篇」，注引劉向别録云：「隱書者，疑其言以相問，對者以慮思之，可以無不喻。」

〔一四〕退而推之　新序「推」作「惟」。

〔一五〕琅玕籠疏翡翠珠璣幕絡連飾　新序「籠」作「龍」，蓋與「櫳」同。櫳，房室之疏也。言以琅玕飾櫳疏，又以翡翠珠璣連絡其閒，以爲華飾。新序「幕絡」作「莫落」，音義亦同。

〔一六〕女樂俳優　俳，戲也。優，倡優也。

〔一七〕四辟公門　辟，與「闢」同，開也。新序作「闢」。

齊宿瘤女

宿瘤女者，齊東郭採桑之女，閔王之后也〔一〕。項有大瘤，故號曰宿瘤。初，閔王出遊，至東郭，百姓盡觀，宿瘤採桑如故，王怪之，召問曰：「寡人出遊，車騎甚衆，百姓無少長，皆棄事來觀。汝採桑道旁，曾不一視，何也？」對曰：「妾受父母教採桑，不受教觀大王。」王曰：「此奇女也，惜哉宿瘤。」女曰：「婢妾之職，屬之不二，予之不忘，中心謂何？宿瘤何傷？」王大悦之，曰：「此賢女也。」命後乘載之。女曰：「賴大王之力，父母在内，使妾不受父母之教而隨大王，是奔女也，大王又安用之？」王大慚，曰：「寡人失之。」又曰：「貞女一禮不備，雖死不從〔二〕。」於是王遣歸，使使者加金百鎰往娉迎之。父母驚惶，欲洗沐加衣裳。女曰：「如是見王，則變容更服，不見識也，請死不往。」於是如故，隨使者。閔王歸見諸夫人，告曰：「今日出遊，得一聖女，今至，斥汝屬矣。」諸夫人皆怪之，盛服而衛。遲其至也〔三〕，宿瘤駭宮中，諸夫人皆掩口而笑，左右失貌，不能自止。王大慚，曰：「且無笑，不飾耳。夫飾與不飾，固相去十百也。」女曰：「夫飾相去千萬，尚不足言，何獨十百也。」王曰：「何以言之？」對曰：「性相近，習相遠也。昔者堯、舜、桀、紂，俱天子也。堯、舜自飾以仁義，雖爲天子，安於節儉，茅茨不翦，采椽不斲，後宮衣不重采，食不重味，至今數千歲，天下歸善焉；桀、紂不自飾以仁義，習爲苛文〔四〕，造爲高臺深池，後宮蹈綺縠〔五〕，弄珠玉，意非有饜時也，身死國亡，爲天下笑，至今千餘歲，天下歸惡焉。由是觀

宿瘤女

之，飾與不飾，相去千萬尚不足言，何獨十百也。」於是諸夫人皆大慚，閔王大感，瘤女以爲后。出令卑宮室，填池澤，損膳減樂，後宮不得重采。期月之閒，化行鄰國，諸侯朝之，侵三晉，懼秦楚，一立帝號〔六〕。閔王至於此也，宿瘤女有力焉。及女死之後，燕遂屠齊，閔王逃亡，而弑死於外〔七〕。君子謂宿瘤女通而有禮。詩云：「菁菁者莪，在彼中阿。既見君子，樂且有儀。」此之謂也。

頌曰：齊女宿瘤，東郭採桑。閔王出遊，不爲變常。王召與語，諫辭甚明。卒升后位，名聲光榮。

【補注】

〔一〕閔王之后也　閔王，宣王之子。史記作「湣」。

〔二〕又曰貞女一禮不備雖死不從　又，當作「女」，字形之誤也。貞女，如召南申女之比。

〔三〕盛服而衞遲其至也　衞，猶「承待」也。遲其至，言以其至爲遲也。若以下句推之，「遲」疑「逮」字之誤。逮，及也。

〔四〕習爲苛文　苛，煩苛也。

〔五〕後宮蹈綺縠　蹈，踐也。綺，文繒也。漢書注：「即今之細綾也。」縠，細縛也。縛，居掾切。聘禮釋文引聲類以爲今正「絹」字。

〔六〕一立帝號　史記：「湣王三十六年，齊爲東帝。」

〔七〕燕遂屠齊閔王逃亡而弑死於外　燕將樂毅入臨淄，湣王亡走之衞，又之魯，而爲楚將淖齒所弑。

齊孤逐女

孤逐女者，齊即墨之女，齊相之妻也。初，逐女孤無父母，狀甚醜，三逐於鄉，五逐於里，過時無所容。齊相婦死，逐女造襄王之門〔一〕，而見謁者曰：「妾三逐於鄉，五逐於里，孤無父母，擯棄於野，無所容止，願當君王之盛顔，盡其愚辭。」左右復於王，王輟食吐哺而起〔二〕。左右曰：「三逐於鄉者，不忠也；五逐於里者，少禮也。不忠少禮之人，王何爲遽〔三〕？」王曰：「子不識也。夫牛鳴而馬不應，非不聞牛聲也，異類故也。此人必有與人異者矣。」遂見，與之語三日。始一日，曰：「大王知國之柱乎？」王曰：「不知也。」逐女曰：「柱，相國是也。夫柱不正則棟不安，棟不安則榱橑墮，則屋幾覆矣〔四〕。王則棟矣，庶民，榱橑也；國家，屋也。夫屋堅與不堅在乎柱，國家安與不安在乎相。今大王既有明知，而國相不可不審也。」王曰：「諾。」其二日，王曰：「吾國相奚若？」對曰：「王之國相，比目之魚也〔五〕。外比内比，然後能成其事，就其功。」王曰：「何謂也？」逐女對曰：「明其左右，賢其夫妻〔六〕，是外比内比也。」其三日，王曰：「吾相其可易乎？」逐女對曰：「中才也，求之未可得也。如有過之者，何爲不可也？今則未有。妾聞明王之用人也，推一而用之〔七〕。故楚用虞丘子而得孫叔敖，燕用郭隗而得樂毅〔八〕。大王誠能厲之，則此可用矣。」王曰：「吾用之柰何？」逐女對曰：「昔者齊桓公尊九九之人，而有道之士歸之；越王敬螳蜋之怒，而勇士死之〔九〕；葉公好龍，而龍爲暴下。物之所徵，固不須頃〔一〇〕。」王曰：「善。」遂尊相，敬而事之，以逐女妻之。齊國以治。詩云：「既見君子，竝坐鼓瑟。」此之謂也。

頌曰：齊逐孤女〔一一〕，造襄王門。女雖五逐，王猶見焉。談國之政，亦甚有文。與語三日，遂配相君。

【補注】

〔一〕造襄王之門　襄王，閔王之子也。

齊襄王
孤逐女

〔二〕左右復於王王輟食吐哺而起　復，白也。輟，止也。哺，咀也。北堂書鈔及初學記引無「吐哺」二字。初學記「起」下有「謹敬」二字，疑并引注文耳。

〔三〕王何爲遽　遽，疾速也。初學記引作「何足爲貴」四字。

〔四〕夫柱不正則棟不安棟不安則榱橑墮則屋幾覆矣　柱，楹也。棟，極也。榱、橑皆椽也。言棟雖居屋中至高之地，而必恃柱以爲安。若柱不正，則大廈傾而椽皆墮，屋亦近於傾覆矣。「屋」上「則」字衍也。

〔五〕比目之魚也　比目之魚，不比不行，一眼兩片，相得乃行，合之則美，離之則傷者也。

〔六〕賢其夫妻　「夫」字誤。北堂書鈔引「夫妻」作「妻子」，是。

〔七〕推一而用之　言推擇一人可者而專用之，不在多易人。

〔八〕燕用郭隗而得樂毅　燕昭王師事郭隗，而樂毅聞風而至也。

〔九〕齊桓公尊九九之人而有道之士歸之越王敬螳蜋之怒而勇士死之　齊桓公設庭燎以待士，東野鄙人有以九九見者，公因禮之，四方之士相導而至。越王句踐出見螳蜋怒而舉足，將搏其輪，於是越王迴車避之，而勇士歸焉。韓詩外傳「越王」作「齊莊公」。

〔一〇〕葉公好龍而龍爲暴下物之所徵固不須頃　葉公子高好畫龍，一旦天龍聞而下之。暴，倉猝也。

徵，召也。須，待也。頃，俄頃也。言物理相感召，不待俄頃，其應甚速也。

〔一二〕頌齊逐孤女　逐孤，當作「孤逐」。

楚處莊姪

楚處莊姪者，楚頃襄王之夫人〔一〕，縣邑之女也。初，頃襄王好臺榭，出入不時，行年四十，不立太子，諫者蔽塞，屈原放逐，國既殆矣。秦欲襲其國，乃使張儀閒之，使其左右謂王曰：「南遊於唐五百里有樂焉〔二〕。」王將往。是時莊姪年十二，謂其母曰：「王好淫樂，出入不時，春秋既盛，不立太子。今秦又使人重賂左右，以惑我王，使遊五百里之外，以觀其勢。王已出，姦臣必倚敵國而發謀，王必不得反國。姪願往諫之。」其母曰：「汝嬰兒也，安知諫？」不遣。姪乃逃，以緹竿爲幟〔三〕，姪持幟伏南郊道旁，王車至，姪舉其幟，王見之而止，使人往問之，使者報曰：「有一女童伏於幟下，願有謁於王。」王曰：「召之。」姪至，王曰：「女何爲者也？」姪對曰：「妾縣邑之女也，欲言隱事於王，恐壅閼蔽塞而不得見。聞大王出遊五百里，因以幟見。」王曰：「子何以戒寡人？」姪對曰：「大魚失水，有龍無尾。墻欲内崩，而王不視。」王曰：「不知也。」姪對曰：「『大魚失水』者，王離國五百里也。樂之於前，不思禍之起於後也。『有龍無尾』者，年既四十，無太子也。國無强輔，必且殆也。『墻欲内崩，而王不視』者，禍亂且成而王不改也。」王曰：「何謂也？」姪曰：「王好臺榭，不恤衆庶，出入不時，耳目不聰明。春秋四十，不立太子，國無强輔，外内崩壞。强秦使人内間王左右，使王不改，滋日以甚，今禍且構〔四〕。王遊於五百里之外，王必遂往，國非王之國也。」王曰：「何也？」姪曰：「王之致此三難也，以五患。」王曰：「何謂五患？」姪曰：「宫室相望，城郭闊達，一患也。宫垣衣繡〔五〕，民人無褐，二患也。奢侈無度，國且虚竭，三患也。百姓飢餓，馬有餘秣〔六〕，四患也。邪臣在側，賢者不達，五患也。王有五患，故及三難〔七〕。」王曰：「善。」命後車載之，立還反，國門已閉，反者已定，王乃發鄢郢之師以擊之，僅能勝之。乃立姪爲夫人，位在鄭子袖之右，爲王陳節儉愛民之事，楚國復强。君子謂莊姪雖違於禮〔八〕，而終守以正。詩云：「北風其喈，雨雪霏霏〔九〕。惠而好我，攜手同歸。」此之謂也。

頌曰：楚處莊姪，雖爲女童。以幟見王，陳國禍凶。設王三難，五患累重。王載以歸，終卒有功。

楚項王
緹幟

【補注】

〔一〕楚處莊姪者楚頃襄王之夫人　處，處子也。莊，蓋其姓也。頃襄王，懷王之子也。

〔二〕南遊於唐五百里有樂焉　唐，高唐也。楚襄王遊焉。

〔三〕以緹竿爲幟　緹，赤色帛也。以赤帛揭於竿首爲幟也。

〔四〕滋日以甚今禍且構　滋，益也。構，交結也。

〔五〕宫垣衣繡　言被土木以文繡也。

〔六〕百姓飢餓馬有餘秣　孟子所謂「廄有肥馬，民有飢色」也。

〔七〕王有五患故及三難　三難，謂魚失水、龍無尾、牆内崩也。

〔八〕君子謂莊姪雖違於禮　違禮，言不由媒聘。

〔九〕雨雪霏霏　毛詩上「霏」作「其」。

齊女徐吾

齊女徐吾者，齊東海上貧婦人也。與鄰婦李吾之屬會燭，相從夜績，徐吾最貧，而燭數不

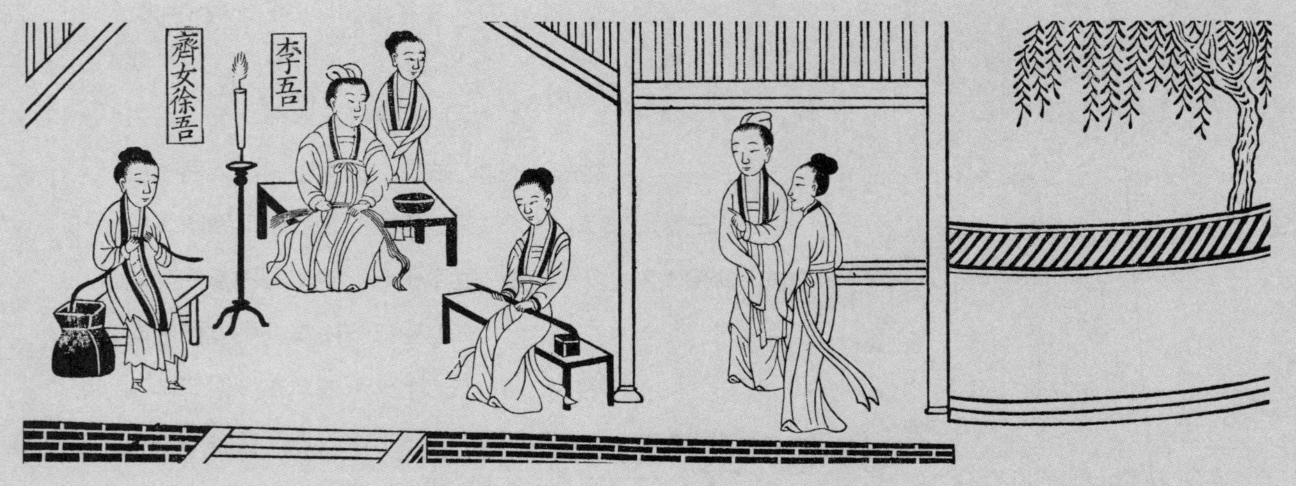
齊女徐吾
李吾

屬〔一〕。李吾謂其屬曰：「徐吾燭數不屬，請無與夜也。」徐吾曰：「是何言與？妾以貧燭不屬之故，起常先，息常後，灑埽陳席，以待來者。自與蔽薄，坐常處下〔二〕。凡爲貧燭不屬故也。夫一室之中，益一人，燭不爲暗；損一人，燭不爲明，何愛東壁之餘光〔三〕，不使貧妾得蒙見哀之恩，長爲妾役之事？使諸君常有惠施於妾，不亦可乎？」李吾莫能應，遂復與夜，終無後言。君子曰：婦人以辭不見棄於鄰，則辭安可以已乎哉？詩云：「辭之輯矣，民之協矣〔四〕。」此之謂也。

頌曰：齊女徐吾，會績獨貧。夜託燭明，李吾絶焉。徐吾自列，辭語甚分。卒得容入，終没後言〔五〕。

【補注】

〔一〕會燭相從夜績徐吾最貧而燭數不屬　會，合也。藝文類聚、初學記引「會」俱作「合」。「數」音朔，頻也。不屬，不繼也。漢食貨志：「婦人同巷，相從夜績，女工一月得四十五日，必相從者，所以省費燎火，同巧拙而合習俗也。」

〔二〕自與蔽薄坐常處下　皆言席也。蔽，當作「㢶」㊀，言己布席自取㢶薄者，又常處下坐，示謙卑也。

〔三〕何愛東壁之餘光　東壁，星名，猶言四壁耳。戰國策曰：「何愛餘明之照四壁。」即此事也。

〔四〕辭之輯矣民之協矣　毛詩「協」作「洽」。

〔五〕頌終没後言　夫子曰：没，與「無」同。齊人言「無」如「没」，謂「無有」爲「没有」也。

齊太倉女

齊太倉女者，漢太倉令淳于公之少女也〔一〕，名緹縈。淳于公無男，有女五人。孝文皇帝時，淳于公有罪當刑〔二〕，是時肉刑尚在，詔獄繫長安。當行會逮〔三〕，公罵其女曰：「生子不生男，緩急非有益。」緹縈自悲泣，而隨其父至長安，上書曰：「妾父爲吏，齊中皆稱廉平。今坐法當刑，妾傷夫死者不可復生，刑者不可復屬〔四〕，雖欲改過自新，其道無由也。妾願入身爲官婢，以贖父罪，使得自新。」書奏，天子憐悲其意〔五〕，乃下詔曰：「蓋聞有虞

㊀當，原作「常」，據萬有文庫本改。

之時，畫衣冠、異章服以爲戮，而民不犯〔六〕，何其至治也！今法有肉刑五〔七〕，而姦不止，其咎安在？非朕德薄而教之不明歟？吾甚自媿。夫訓道不純，而愚民陷焉。詩云：『愷悌君子，民之父母。』今人有過，教未施而刑已加焉。或欲改行爲善，而其道毋繇〔八〕，朕甚憐之。夫刑者至斷支體，刻肌膚，終身不息〔九〕，何其痛而不德也！豈稱爲民父母之意哉？其除肉刑。」自是之後，鑿顛者髡，抽脅者笞，刖足者鉗〔一〇〕。淳于公遂得免焉。君子謂緹縈一言發聖主之意，可謂得事之宜矣。詩云：「辭之懌矣，民之莫矣。」此之謂也。

頌曰：緹縈訟父，亦孔有識。推誠上書，文雅甚備。小女之言，乃感聖意。終除肉刑，以免父事。

【補注】

〔一〕漢太倉令淳于公之少女也　淳于公名意，齊太倉長，見史記。

〔二〕孝文皇帝時淳于公有罪當刑　史記：「文帝四年中，人上書言意，以刑罪當傳西之長安。」

〔三〕詔獄繫長安當行會逮　逮，及也。有罪者追捕及之也。

〔四〕刑者不可復屬　屬，續也。

孝文帝
太倉女

〔五〕書奏天子憐悲其意　文選注引班固歌詩曰：「三王德彌薄，惟後用肉刑。太倉令有罪，就逮長安城。自恨身無子，困急獨煢煢。小女痛父言，死者不復生。上書詣北闕，闕下歌雞鳴。憂心摧折裂，晨風激揚聲。聖漢孝文帝，惻然感至誠。百男何憒憒，不如一緹縈。」又引列女傳曰：「緹縈歌雞鳴、晨風之詩。」今傳無之，蓋脱。既上書，又歌詩者，寫其憂傷之意，揚彼激楚之聲，故能上動九重，下窮三尺。一人有辭，万民賴之矣。

〔六〕畫衣冠異章服以爲戮而民不犯　畫衣冠，所謂象刑也。異章服者，所以愧恥之。

〔七〕今法有肉刑五　史記、漢書俱作「三」。説者言：「黥、劓二，刖左右趾合一，凡三也。」是「五」乃「三」字之誤。

〔八〕或欲改行爲善而其道毋繇　毋，與「無」同。繇，讀爲由。

〔九〕終身不息　息，生也。

〔一〇〕鑿顛者髡抽脅者笞刖足者鉗　鑿人顛頂，抽人脅骨，皆戰國申、商所增肉刑。故刑法志云：「有鑿顛、抽脅、鑊亨之刑。」是也。鉗謂以鐵束其足也。

列女傳補注卷七

福山 王照圓

孽嬖傳

夏桀末喜

末喜者，夏桀之妃也〔一〕。美於色，薄於德，亂孽無道，女子行，丈夫心，佩劍帶冠。桀既棄禮義，淫於婦人，求美女，積之於後宫，收倡優、侏儒、狎徒、能爲奇偉戲者，聚之於旁，造爛漫之樂〔二〕，日夜與末喜及宫女飲酒，無有休時。置末喜於膝上，聽用其言，昏亂失道，驕奢自恣。爲酒池，可以運舟，一鼓而牛飲者三千人〔三〕，𩨨其頭而飲之於酒池〔四〕，醉而溺死者，末喜笑之，以爲樂。龍逢進諫曰：「君無道，必亡矣〔五〕。」桀曰：「日有亡乎？日亡而我亡。」不聽，以爲妖言而殺之。造瓊室瑶臺，以臨雲雨〔六〕，殫財盡幣，意尚不饜。召湯，囚之於夏臺，已而釋之。諸侯大叛。於是湯受命而伐之，戰於鳴條〔七〕，桀師不戰，湯

○孽嬖傳
末喜
夏桀
酒池

遂放桀，與末喜嬖妾同舟，流於海，死於南巢之山〔八〕。詩曰：「懿厥哲婦，爲梟爲鴟。」此之謂也。

頌曰：末喜配桀，維亂驕揚。桀既無道，又重其荒。姦軌是用〔九〕，不恤法常。夏后之國，遂反爲商。

【補注】

〔一〕末喜者夏桀之妃也　末喜，或作「妹嬉」。後漢書注引作：「桀妃，有施氏女也。」此脱。

〔二〕造爛漫之樂　爛漫，言其聲之流浪靡曼也。

〔三〕爲酒池可以運舟一鼓而牛飲者三千人　韓詩外傳曰：「桀爲酒池，可以運舟，糟丘足以望十里。」或曰：牛飲者，以鼻飲也。

〔四〕羇其頭而飲之於酒池　羇，猶「羈」也。羈者，絡其頭也。

〔五〕龍逢進諫曰君無道必亡矣　韓詩外傳載關龍逢進諫曰：「古之人君，身行禮義，愛民節財，故國安而身壽。今君用財若無窮，殺人若恐弗勝。君若弗革，天殃必降，而誅必至矣。君其革之。」

〔六〕造瓊室瑶臺以臨雲雨　以臨雲雨，言其高也。瓊、瑶皆美玉，以爲飾也。後漢書注引「瓊」作「琁」。

〔七〕戰於鳴條　太平御覽引曹大家注曰：「鳴條，南夷地名。」今按：史記集解引鄭注與曹注同。

〔八〕同舟流於海死於南巢之山　淮南子云：「同舟浮江，奔南巢之山而死。」此作「流於海」，誤。

〔九〕頌姦軌是用　軌，與「宄」同。

殷紂妲己

妲己者，殷紂之妃也〔一〕。嬖幸於紂。紂材力過人，手格猛獸〔二〕，智足以距諫，辯足以飾非，矜人臣以能，高天下以聲，以爲人皆出己之下。好酒淫樂，不離妲己。妲己之所譽貴之，妲己之所憎誅之。作新淫之聲、北鄙之舞、靡靡之樂〔三〕，收珍物，積之於後宮，諛臣羣女，咸獲所欲。積糟爲丘，流酒爲池，縣肉爲林，使人裸形相逐其間，爲長夜之飲。妲己好之。百姓怨望，諸侯有畔者，紂乃爲炮格之法，膏銅柱，加之炭，令有罪者行其上，輒墮炭中，妲己乃笑〔四〕。比干諫曰：「不修先王之典法，而用婦言，禍至無日。」紂怒，以爲妖言。妲己曰：「吾聞聖人之心有七竅。」於是剖心而觀之。囚箕子，微子去之。武王遂受命興師伐紂，戰於牧野，紂師倒戈，紂乃登廩臺，衣寶玉衣而自殺〔五〕。於是武王遂致天之罰，斬妲己頭，縣於小白旗，以爲亡紂者是女也。書曰：「牝雞無晨。牝雞之晨，惟家之索。」詩云：「君子信盜，亂是用暴。」「匪其止共，維王之邛。」此之謂也。

頌曰：妲己配紂，惑亂是修。紂既無道，又重相謬。指笑炮炙，諫士刳囚。遂敗牧野，反商爲周。

【補注】

〔一〕妲己者殷紂之妃也　妲己，或作「妲改」，有蘇氏女也。

〔二〕手格猛獸　格，鬭也。言徒手可以搏猛獸。

〔三〕作新淫之聲北鄙之舞靡靡之樂　史記云使師涓作之；「鄙」作「里」。

〔四〕紂乃爲炮格之法膏銅柱加之炭令有罪者行其上輒墮炭中妲己乃笑　史記集解引「妲己笑」下有「名曰炮格之刑」六字，此脱去之。索隱曰：「鄒誕生：『格，一音閣。』又云：『爲銅格，炊炭其下，使罪人步其上。』與列女傳少異。」今按：炮格，俗作「炮烙」，此依宋本史記改。

〔五〕紂乃登廩臺衣寶玉衣而自殺　廩臺，即鹿臺也。史記集解：「徐廣曰：『鹿，一作廩。』」「衣其寶玉衣，赴火而死」，本史記。

妲己
肉林

周幽褒姒

褒姒者，童妾之女，周幽王之后也。初，夏之衰也，褒人之神化爲二龍，同於王庭而言曰〔一〕：「余，褒之二君也。」夏后卜殺之與去，莫吉〔二〕；卜請其漦藏之而吉〔三〕。乃布幣焉。龍忽不見，而藏漦櫝中，乃置之郊〔四〕，至周莫之敢發也。及周厲王之末，發而觀之，漦流於庭，不可除也。王使婦人裸而譟之，化爲玄蚖，入後宫〔五〕。宫之童妾未毁而遭之，既笄而孕〔六〕，當宣王之時産，無夫而乳，懼而棄之。先是有童謡曰：「檿弧箕服〔七〕，實亡周國。」宣王聞之。後有人夫妻賣檿弧箕服之器者，王使執而戮之。夫妻夜逃，聞童妾遭棄而夜號，哀而取之，遂竄於褒。長而美好，褒人姁有獄，獻之以贖〔八〕，幽王受而嬖之，遂釋褒姁，故號曰褒姒。既生子伯服，幽王乃廢后申侯之女，而立褒姒爲后；廢太子宜咎，而立伯服爲太子。幽王惑於褒姒，出入與之同乘，不卹國事，驅馳弋獵不時，以適褒姒之意。飲酒流湎，倡優在前，以夜續晝。褒姒不笑，幽王乃欲其笑。萬端，故不笑。幽王爲熢燧大鼓㊀，

㊀熢，原作「烽」，據王氏補注及上下文改正。

周幽王
褒姒
烽火

有寇至則舉〔九〕，諸侯悉至而無寇，褒姒乃大笑。幽王欲悦之，數爲舉熢火，其後不信，諸侯不至。忠諫者誅，唯褒姒言是從，上下相諛，百姓乖離，申侯乃與繒、西夷犬戎共攻幽王，幽王舉熢燧徵兵，莫至。遂殺幽王於驪山之下，虜褒姒，盡取周賂而去。於是諸侯乃即申侯而共立故太子宜咎，是爲平王。自是之後，周與諸侯無異。詩曰：「赫赫宗周，褒姒滅之〔一〇〕。」此之謂也。

頌曰：褒神龍變，寔生褒姒。興配幽王，廢后太子。舉熢致兵，笑寇不至。申侯伐周，果滅其祀。

【補注】

〔一〕化爲二龍同於王庭而言曰　同，共也。此下俱鄭語文。

〔二〕夏后卜殺之與去莫吉　鄭語「去」下有「之」字，又有「與止之」三字，「吉」作「告」。

〔三〕卜請其漦藏之而吉　漦，龍所吐沫也。或曰血也。

〔四〕而藏漦櫝中乃置之郊　櫝，櫃也。置之郊，鄭語作「傳郊之」，蓋言傳祭之於郊也。

〔五〕王使婦人裸而譟之化爲玄蚖入後宫　裸，去裳也。譟，讙呼也。鄭語作「不幃而譟之」，注云：

「裳正幅曰幃。」蚖，蜥蜴也，象龍。鄭語作「黿」，注云：「黿，或爲蚖。」

〔六〕宮之童妾未毁而遭之既笄而孕　毁，毁齒也。女子七歲而毁齒，十五而笄也。

〔七〕先是有童謡曰檿弧箕服　史記「童」下有「女」字。鄭語注云：「山桑曰檿。弧，弓也。箕，木名。服，矢房。」

〔八〕褒人姁有獄獻之以贖　姁，褒人之名也。贖，贖罪也。

〔九〕幽王爲熢燧大鼓有寇至則舉　熢，燧火也。夜曰熢，晝曰燧，皆置亭障候敵以告警。大鼓，聲聞數百里。

〔一〇〕赫赫宗周褒姒滅之　宗周，西周鎬京也。滅，毛詩作「威」。傳云：「威，滅也。」釋文：「威，本或作滅。」

衛宣公姜

宣姜者，齊侯之女，衛宣公之夫人也。初，宣公夫人夷姜生伋子，以爲太子。又娶於齊，曰宣姜，生壽及朔。夷姜既死，宣姜欲立壽，乃與壽弟朔謀構伋子。公使伋子之齊，宣姜乃陰使力士待之界上而殺之，曰：「有四馬白旄至者，必要殺之〔一〕。」壽聞之，以告太子曰：「太子其避之。」伋子曰：「不可。夫棄父之命，則惡用子也？」壽度太子必行，乃與太子飲，奪之旄而行，盜殺之。伋子醒，求旄不得，遽往追之，壽已死矣。伋子痛壽爲己死，乃謂盜曰：「所欲殺者乃我也，此何罪？請殺我。」盜又殺之。二子既死，朔遂立爲太子。宣公薨，朔立，是爲惠公，竟終無後，亂及五世，至戴公而後寧〔二〕。詩云：「乃如之人，德音無良。」此之謂也。

頌曰：衛之宣姜，謀危太子。欲立子壽，陰設力士。壽乃俱死，衛果危殆。五世不寧，亂由姜起。

【補注】

〔一〕有四馬白旄至者必要殺之　按詩曰：「孑孑干旄，在浚之郊。素絲紕之，良馬四之。彼姝者子，何以畀之？」今以傳推之，疑詩即爲此事而作也。必用白旄者，取易於識別也。以詩言「素絲」，故知爲白旄也。浚，衛之界上邑。姜使力士待伋之地也。姝，忠順貌。姝子，謂伋子也。畀，與也。言彼四馬白旄，忠順之子，何故以此與之，深痛惜之辭也。此蓋出於魯詩之説，而劉氏述之，

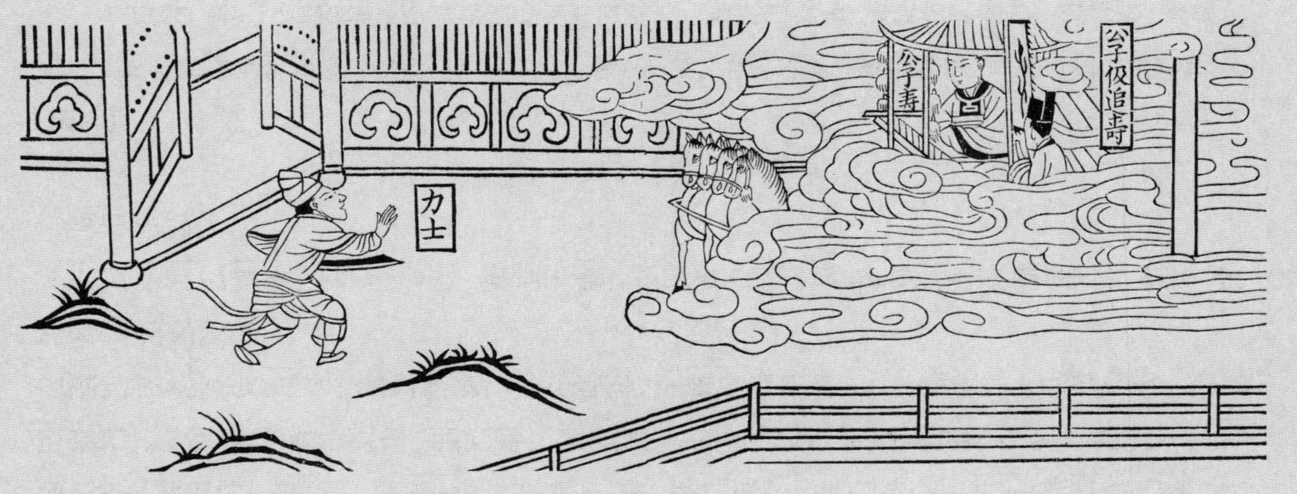
公子伋追寿
公子寿
力士

與毛詩異也。其敘夷姜、宣姜與左傳又異，蓋皆本於魯詩耳。要，遮也。史記曰：「令盜遮界上殺之，與太子白旄，而告界盜見持白旄者殺之。」義與此合。

〔三〕亂及五世至戴公而後寧　五，當作「三」，字之誤也。三世，謂宣、惠、懿也。戴公，昭伯頑之子也。寧，安也。

魯桓文姜

文姜者，齊侯之女，魯桓公之夫人也。内亂其兄齊襄公。桓公將伐鄭，納厲公。既行，與夫人俱將如齊也。申繻曰：「不可。女有家，男有室，無相瀆也，謂之有禮。易此必敗。且禮，婦人無大故則不歸〔一〕。」桓公不聽，遂與如齊。文姜與襄公通，桓公怒，禁之不止。文姜以告襄公，襄公享桓公酒，醉之，使公子彭生抱而乘之，因拉其脅而殺之〔二〕，遂死於車。魯人求彭生以除恥，齊人殺彭生。詩曰：「亂匪降自天，生自婦人。」此之謂也。

頌曰：文姜淫亂，配魯桓公。與俱歸齊，齊襄淫通。俾厥彭生，摧幹拉胸。維女爲亂，卒成禍凶。

文姜
鲁桓公

【補注】

〔一〕且禮婦人無大故則不歸　禮無歸寧兄弟之文。大故，謂出也。

〔二〕因拉其脅而殺之　拉，折也。脅，幹也，謂脅骨。

魯莊哀姜

哀姜者，齊侯之女，莊公之夫人也〔一〕。初，哀姜未入時，公數如齊，與哀姜淫。既入，與其弟叔姜俱。公使大夫宗婦用幣見，大夫夏甫不忌曰〔二〕：「婦贄不過棗栗〔三〕，以致禮也。男贄不過玉帛禽鳥〔四〕，以彰物也。今婦贄用幣，是男女無別也。男女之別，國之大節也。無乃不可乎？」公不聽，又丹其父桓公廟宫之楹，刻其桷，以夸哀姜。哀姜驕淫，通於二叔公子慶父、公子牙。哀姜欲立慶父。公薨，子般立，慶父與哀姜謀，遂殺子般于黨氏，立叔姜之子，是爲閔公。閔公既立，慶父與哀姜淫益甚，又與慶父謀殺閔公而立慶父，遂使卜齮襲弑閔公於武闈，將自立。魯人謀之，慶父恐，奔莒，哀姜奔邾。齊桓公立僖公，聞哀姜與慶父通以危魯，乃召哀姜，酖而殺之〔五〕，魯遂殺慶父。詩云：「啜其泣矣，何嗟及矣。」

哀姜
魯莊公
公子慶父

此之謂也。

頌曰：哀姜好邪〔六〕，淫於魯莊。延及二叔，驕妒縱横。慶父是依，國適以亡。齊桓征伐，酖殺哀姜。

【補注】

〔一〕莊公之夫人也　「莊」上脱「魯」字。下「僖公」「僖」字古本作「釐」，詩鄘正義引曹大家云「釐音僖」可證。

〔二〕大夫夏甫不忌　夏甫，氏。不忌，名也。魯語云「宗人夏父展」，又夏父弗忌是夏父展後人，此蓋誤也。

〔三〕婦贄不過棗栗　魯語注：「棗，取早起。栗，取敬栗。曲禮曰：『婦人之贄，脯脩棗栗。』」

〔四〕男贄不過玉帛禽鳥　禽鳥，羔雁之屬。獸亦曰禽也。

〔五〕酖而殺之　酖，與「鴆」同。鳥羽毒殺人也。公羊傳「酖」作「鴆」。

〔六〕頌哀姜好邪　好，當作「奸」，字形之誤。

晉獻驪姬

驪姬者，驪戎之女，晉獻公之夫人也。初，獻公娶於齊，生秦穆夫人及太子申生，又娶二女於戎，生公子重耳、夷吾。獻公伐驪戎，克之，獲驪姬以歸，生奚齊、卓子。驪姬嬖於獻公。齊姜先死，公乃立驪姬以爲夫人。驪姬欲立奚齊，乃與弟謀曰〔一〕：「一朝不朝，其閒用刀〔二〕。逐太子與二公子而可閒也。」於是驪姬乃說公曰：「曲沃，君之宗邑也；蒲與二屈，君之境也。不可以無主。宗邑無主，則民不畏；邊境無主，則開寇心。夫寇生其心，民嫚其政，國之患也。若使太子主曲沃，二公子主蒲與二屈，則可以威民而懼寇矣。」遂使太子居曲沃，重耳居蒲，夷吾居二屈。元空二格。驪姬既遠太子，乃夜泣，公問其故，對曰：「吾聞申生爲人甚好仁而强，甚寬惠而慈於民。今謂君惑於我，必亂國，無乃以國民之故行强於君〔三〕。君未終命而歿，君其柰何？胡不殺我，無以一妾亂百姓。」公曰：「惠其民而不惠其父乎？」驪姬曰：「爲民與爲父異。夫殺君利民，民孰不戴？苟父利而得寵〔四〕，除亂而衆悦，孰不欲焉？雖其愛君，欲不勝也〔五〕。若紂有良子而先殺紂，毋彰其惡〔六〕，鈞死也，毋必假手於武王以廢其祀〔七〕。自吾先君武公兼翼，而楚穆弑成〔八〕，此皆爲民而不顧親。

君不早圖，禍且及矣。」公懼曰：「柰何而可？」驪姬曰：「君何不老而授之政？彼得政而治之，殆將釋君乎！」公曰：「不可，吾將圖之。」由此疑太子。驪姬乃使人以公命告太子曰：「君夢見齊姜，亟往祀焉。」申生祭于曲沃，歸福于絳〔九〕。公田不在，驪姬受福，乃寘鴆于酒，施毒于脯〔一〇〕。公至，召申生，將胙〔一一〕，驪姬曰：「食自外來，不可不試也。」覆酒於地，地墳〔一二〕，申生恐而出。驪姬與犬，犬死；飲小臣，小臣死之。驪姬乃仰天叩心而泣，見申生哭曰：「嗟乎！國，子之國，子何遲爲君？有父恩忍之，況國人乎〔一三〕？弒父以求利，人孰利之？」獻公使人謂太子曰：「爾其圖之。」太傅里克曰：「太子入自明可以生，不則不可以生。」太子曰：「吾君老矣。若入而自明，則驪姬死，吾君不安。」遂自經於新城廟。公遂殺少傅杜原款。使閹楚刺重耳，重耳奔狄。使賈華刺夷吾，夷吾奔梁。盡逐羣公子，乃立奚齊。獻公卒，奚齊立，里克殺之。卓子立，又殺之。乃戮驪姬，鞭而殺之於是〔一四〕。秦立夷吾，是爲惠公。惠公死，子圉立，是爲懷公。晉人殺懷公於高梁，立重耳，是爲文公。亂及五世然後定〔一五〕。詩曰：「婦有長舌，惟厲之階。」又曰：「哲婦傾城。」此之謂也。

頌曰：驪姬繼母，惑亂晉獻。謀譖太子，毒酒爲權〔一六〕。果弒申生，公子出奔。身又伏辜，五世亂昏。

晉獻公
驪姬
太子申生

【補注】

〔一〕乃與弟謀曰　弟，與「娣」同。女子先生謂後生爲娣也。左傳曰：「其娣生卓子。」此以奚齊、卓子俱驪姬生。

〔二〕一朝不朝其閒用刀　閒，隙也。言不朝之時甚少耳，便有乘其閒而用刀中傷之者，如上官桀等詐爲燕王書，伺霍光出沐日奏之，欲以害光。所謂「一朝不朝，其閒用刀」也。

〔三〕無乃以國民之故行强於君　行强，言行篡逆也。

〔四〕苟父利而得寵　晉語「父」作「交」，此字形之誤。交，俱也。

〔五〕雖其愛君欲不勝也　欲，貪欲也。

〔六〕若紂有良子而先殺紂毋彰其惡　良，善也。言紂之不善，假若先時被殺，其惡猶不至於彰聞。

〔七〕鈞死也毋必假手於武王以廢其祀　鈞，同也。假，借也。言紂若被殺於子，與被殺於武王，鈞之死耳，而可不廢其宗祀。

〔八〕自吾先君武公兼翼而楚穆弒成　晉語曰：「武公伐翼，殺哀侯。」楚穆，太子商臣也。弒成王事在驪姬後，此言失矣。

〔九〕申生祭于曲沃歸福于絳　福，胙肉也。絳，晉國都也。

〔一〇〕乃寘鴆于酒施毒于脯　晉語「毒」作「堇」，謂藥草烏頭也。烏頭有大毒，能殺人。

〔一一〕公至召申生將胙　晉語「胙」作「獻」，謂獻胙也。

〔一二〕覆酒於地地墳　墳，起也。

〔一三〕有父恩忍之況國人乎　言有父之恩，而尚忍殺之，況能愛國人乎？晉語無「恩」字。

〔一四〕乃戮驪姬鞭而殺之於是　史記索隱引作「鞭殺驪姬于市」，今本作「是」，蓋字聲之誤耳。

〔一五〕亂及五世然後定　五世，謂奚齊、卓子、惠公、懷公，至文公乃定也。

〔一六〕頌毒酒爲權　權，謂譎詐也。

魯宣繆姜

繆姜者，齊侯之女，魯宣公之夫人，成公母也。聰慧而行亂，故謚曰繆〔一〕。初，成公幼，繆姜通於叔孫宣伯，名喬如。喬如與繆姜謀去季、孟而擅魯國。晉、楚戰於鄢陵，公出佐晉。將行，姜告公必逐季、孟，是背君也，公辭以晉難，請反聽命。又貨晉大夫〔二〕，使執季孫行父而止之，許殺仲孫蔑，以魯士晉爲内臣〔三〕。魯人不順喬如，明而逐之〔四〕。喬如奔齊，魯遂擯繆姜於東宫。始往，繆姜使筮之，遇艮之六〔五〕。史曰：「是謂艮之隨。隨其出也。君必速出。」姜曰：「亡是〔六〕。於周易曰：『隨，元亨利貞，无咎。』元，善之長也；亨，嘉之會也；利，義之和也；貞，事之幹也。終故不可誣也，是以雖隨无咎〔七〕。今我婦人而與於亂，固在下位而有不仁〔八〕，不可謂元；不靖國家，不可謂亨；作而害身，不可謂利；棄位而放，不可謂貞〔九〕。有四德者，隨而無咎。我皆無之，豈隨也哉？我則取惡，能無咎乎？必死於此，不得出矣。」卒薨於東宫。君子曰：「惜哉繆姜！雖有聰慧之質，終不得掩其淫亂之罪。」詩曰：「士之耽兮，猶可説也。女之耽兮，不可説也。」此之謂也。

頌曰：繆姜淫泆，宣伯是阻〔一〇〕。謀逐季孟，欲使專魯。既廢見擯，心意摧下。後雖善言，終不能補。

【補注】

〔一〕故謚曰繆　謚法：「名與實爽曰繆。」

〔二〕又貨晉大夫　大夫，郤犨也。

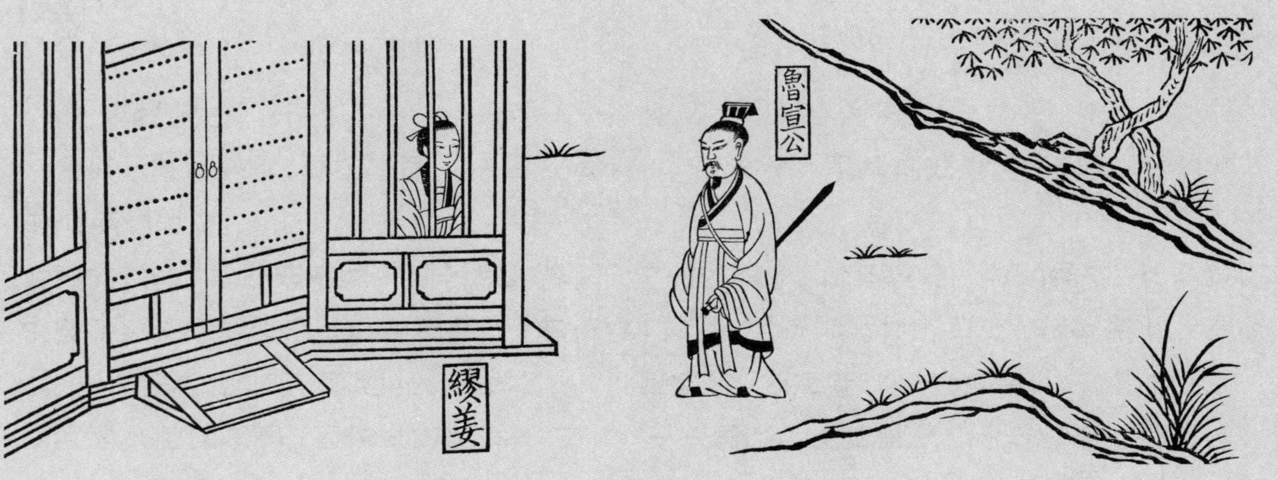
繆姜
魯宣公

〔三〕以魯士晉爲内臣　士，事也。内臣，比於晉臣也。

〔四〕明而逐之　明，與「盟」同。左傳：「出叔孫僑如而盟之。」

〔五〕遇艮之六　六，左傳作「八」，此誤。

〔六〕姜曰亡是　亡，讀音「無」。無是，言無此事也。舊讀以「亡」斷句，「是」屬下句，非。

〔七〕終故不可誣也是以雖隨无咎　終，左傳作「然」，此誤也。然者，然上文言有此四德也。

〔八〕固在下位而有不仁　婦人卑於丈夫，故云「在下位」。

〔九〕棄位而放不可謂貞　放，左傳作「姣」，此字形之誤也。釋文：「姣，嵇叔夜音效。」正義曰：「服虔讀姣爲放效之效。」蓋此本作「效」，因「效」又誤作「放」耳。

〔一〇〕頌宣伯是阻　夫子曰：是阻，疑「寔怚」，字之誤也。「寔」與「實」古字通。「怚」與「姐」音義同。説文：「怚，驕也。」文選詩注「怚」作「姐」。玉篇：「怚，秦吕切。」

陳女夏姬

陳女夏姬者〔一〕，大夫夏徵舒之母也〔二〕。其狀美好無匹，内挾伎術，蓋老而復壯者。三爲

夏姬
陳靈公
公孫寗儀
夏徵舒
公孫行父

王后，七爲夫人〔三〕，公侯争之，莫不迷惑失意。夏姬之子徵舒爲大夫，公孫寧、儀行父與陳靈公皆通於夏姬，或衣其衣，以戲於朝〔四〕。泄冶見之，謂曰：「君有不善，子宜掩之。今自子率君而爲之，不待幽閒於朝廷，以戲士民，其謂爾何？」二人以告靈公，靈公曰：「衆人知之吾不善，無害也〔五〕。泄冶知之，寡人恥焉。」乃使人徵賊泄冶而殺之〔六〕。靈公與二子飲於夏氏，召徵舒也，公戲二子曰：「徵舒似汝。」二子亦曰：「不若其似公也。」徵舒疾此言。靈公罷酒出，徵舒伏弩廄門，射殺靈公。公孫寧、儀行父皆奔楚，靈公太子午奔晉。其明年，楚莊王舉兵誅徵舒，定陳國，立午，是爲成公。莊王見夏姬美好，將納之，申公巫臣諫曰：「不可。王討罪也，而納夏姬，是貪色也。貪色爲淫，淫爲大罰。願王圖之。」王從之，使壞後垣而出之〔七〕。將軍子反見美，又欲取之。巫臣諫曰：「是不祥人也。殺御叔，弑靈公，戮夏南，出孔儀，喪陳國。天下多美婦女，何必取是？」子反乃止。莊王以夏姬與連尹襄老。襄老死於邲，亡其尸。其子黑要又通於夏姬。巫臣見夏姬，謂曰：「子歸，我將娉汝。」及恭王即位，巫臣娉於齊，盡與其室俱，至鄭，使人召夏姬曰：「尸可得也。」夏姬從之。巫臣使介歸幣於楚，而與夏姬奔晉大夫〔八〕。子反怨之，遂與子重滅巫臣之族而分其室。詩云：「乃如之人兮〔九〕，懷婚姻也。大無信也，不知命也。」言嬖色殞命也。

頌曰：夏姬好美，滅國破陳。走二大夫，殺子之身。殆誤楚莊，敗亂巫臣。子反悔懼，申公族分。

【補注】

〔一〕陳女夏姬　「陳」當作「鄭」，字之誤。

〔二〕大夫夏徵舒之母也　史記正義引「大」上有「陳」字，「母」下有「御叔之妻」四字。

〔三〕蓋老而復壯者三爲王后七爲夫人　藝文類聚引「三」下重「三」字，史記正義亦引「三爲王后」，此脱「三」字。或曰：當作「一」字，今作「三」，乃「二」、「一」兩字之誤併耳。「二」字屬上句，「一」字屬下句。

〔四〕或衣其衣以戲於朝　穀梁傳「或衣其衣」下有「或衷其襦」四字，此脱去之。藝文類聚引雖未脱，但誤作「或裴其幡」，又衍「蔽膝」二字耳。

〔五〕衆人知之吾不善無害也　「之」字衍。

〔六〕乃使人徵賊泄冶而殺之　徵，疑「微」字之誤。微，隱也。

〔七〕使壞後垣而出之　畏人見也。此謂一爲王后。

〔八〕而與夏姬奔晉大夫　「大夫」之上有脱文，左傳：「遂奔晉，晉人使爲邢大夫。」

〔九〕乃如之人兮　兮，毛詩作「也」。

齊靈聲姬

聲姬者，魯侯之女，靈公之夫人〔一〕，太子光之母也，號孟子。淫通於大夫慶尅，與之蒙衣乘輦而入于閎〔二〕。鮑牽見之，以告國佐。國佐召慶尅，將詢之。慶尅久不出，以告孟子曰：「國佐非我。」孟子怒。時國佐相靈公，會諸侯于柯陵，高子、鮑子處内守。及還，將至，閉門而索客。孟子訴之曰：「高、鮑將不内君，而欲立公子角，國佐知之。」公怒，刖鮑牽而逐高子、國佐，二人奔莒〔三〕，更以崔杼爲大夫，使慶尅佐之，乃帥師圍莒，不勝。國佐使人殺慶尅，靈公與佐盟而復之，孟子又愬而殺之。及靈公薨，高、鮑皆復，遂殺孟子，齊亂乃息。詩云：「匪教匪誨，時維婦寺。」此之謂也。

頌曰：齊靈聲姬，厥行亂失。淫於慶尅，鮑牽是疾。譖愬高鮑，遂以奔亡。好禍用

齊靈声姬

慶尅

亡〔四〕，亦以事喪。

【補注】

〔一〕靈公之夫人　「靈」上脱「齊」字。

〔二〕與之蒙衣乘輦而入于閎　輦，人輓車也。閎，巷門也。與之，左傳作「與婦人」三字，此有脱誤。言慶尅與婦人蒙衣爲婦人服，而乘輦入閎，恐人見也。尅，左傳作「克」。

〔三〕而逐高子國佐二人奔莒　自此以下，與左傳異，不知出何書。

〔四〕頌好禍用亡　好，當作「奸」。亡，當作「己」，竝字形之誤。

齊東郭姜

齊東郭姜者，棠公之妻，齊崔杼御東郭偃之姊也。美而有色。棠公死，崔子弔而説姜，遂與偃謀娶之。既，居其室比於公宫〔一〕，莊公通焉，驟如崔氏，崔子知之。異日，公以崔子之冠賜侍人，崔子愠，告有疾，不出。公登臺以臨崔子之宫，由臺上與東郭姜戲。公下從

東郭姜
崔子
東郭偃
棠毋咎

之，東郭姜奔入户而閉之，公推之曰：「開余。」東郭姜曰：「老夫在此，未及收髮〔二〕。」公曰：「余開崔子之疾也㈠，不開〔三〕？」崔子與姜自側户出，閉門，聚衆鳴鼓。公恐，擁柱而歌〔四〕。公請於崔氏曰：「孤知有罪矣，請改心事吾子。若不信，請盟。」崔子曰：「臣不敢聞命。」乃避之。公又請於崔氏之宰曰：「請就先君之廟而死焉。」崔氏之宰曰：「君之臣杼有疾不在，侍臣不敢聞命。」公逾墻而逃，崔氏射公中踵〔五〕，公反墮，遂弑公。先是時，東郭姜與前夫子棠毋咎俱入，崔子愛之，使爲相室。崔子前妻子二人，大子城、少子彊。及姜入後，生二子明、成〔六〕。成有疾，崔子廢成而以明爲後。成使人請崔邑以老，崔子哀而許之，棠毋咎與東郭偃争而不與。成與彊怒，將欲殺之，以告慶封。慶封，齊大夫也，陰與崔氏争權，欲其相滅也，謂二子曰：「殺之。」於是二子歸殺棠毋咎、東郭偃於崔子之庭。崔子怒，愬之於慶氏曰：「吾不肖，有子不能教也，以至於此。吾事夫子，國人之所知也，唯辱使者，不可以已〔七〕。」慶封乃使盧蒲嫳帥徒衆與國人焚其庫廄，而殺成、姜〔八〕。崔氏之妻曰：「生若此，不若死。」遂自經而死。崔子歸見庫廄皆焚，妻子皆死，又自經而死。

㈠開，黄魯曾本、四庫本列女傳皆作「聞」。梁端曰：「『開』字當作『問』。」

君子曰：東郭姜殺一國君而滅三室，又殘其身，可謂不祥矣。詩曰：「枝葉未有害，本實先敗〔九〕。」此之謂也。

頌曰：齊東郭姜，崔杼之妻。惑亂莊公，毋咎是依。禍及明成，争邑相殺。父母無聊，崔氏遂滅。

【補注】

〔一〕既居其室比於公宮　「既」字絶句。「居其」當作「其居」，文誤倒耳。比，近也，言其居室近於公宮。

〔二〕老夫在此未及收髮　老夫，謂崔子也。託言崔子在内沐頭，未及收髮，故且閉户。

〔三〕崔子之疾也不開　公言崔子方有疾，汝乃託言耳，何敢不開乎？

〔四〕公恐擁柱而歌　言公恐懼不得出，故擁柱而歌以自傷。

〔五〕崔氏射公中踵　踵，足跟也。左傳作「股」。

〔六〕大子城少子彊及姜入後生二子明成　左傳「城」作「成」。姜生明，無「成」字。

〔七〕唯辱使者不可以已　唯，疑當作「誰」。已，止也。言誰可辱使之往者，必不可止而不往也。

〔八〕而殺成姜　姜，當作「彊」。夫子曰：「彊」、「姜」二字，古同聲通用。毛詩「鶉之彊彊」，表記作「鶉之姜姜」，正與此合。

〔九〕本實先敗　毛詩「敗」作「撥」，此蓋魯詩。

衛二亂女

衛二亂女者，南子及衛伯姬也。南子者，宋女，衛靈公之夫人。通於宋子朝，太子蒯聵知而惡之。南子讒太子於靈公曰：「太子欲殺我。」靈公大怒蒯聵，蒯聵奔宋。靈公薨，蒯聵之子輒立，是爲出公。衛伯姬者，蒯聵之姊也，孔文子之妻，孔悝之母也。悝相出公。文子卒，姬與孔氏之豎渾良夫淫。姬使良夫於蒯聵，蒯聵曰：「子苟能内我於國，報子以乘軒，免子三死。」與盟，許以姬爲良夫妻。良夫喜，以告姬，姬大悦。良夫乃與蒯聵入舍孔氏之圃。昏時，二人蒙衣而乘，遂入至姬所。已食，姬杖戈先太子與五介胄之士，迫其子悝於廁，强盟之。出公奔魯，子路死之，蒯聵遂立，是爲莊公。殺夫人南子，又殺渾良夫。莊公以戎州之亂，又出奔。四年而出公復入。將入，大夫殺孔悝之母而迎公〔一〕。二

南子
宋子朝
衛伯姬
渾良夫

女爲亂五世，至悼公而後定〔二〕。詩云：「相鼠有皮，人而無儀。人而無儀，不死何爲？」此之謂也。

頌曰：南子惑淫，宋朝是親。譖彼蒯聵，使之出奔。悝母亦嬖，出入兩君。二亂交錯，咸以滅身。

【補注】

〔一〕大夫殺孔悝之母　左傳言孔悝載其母伯姬奔宋，此云殺之，與上言「殺夫人南子」俱未見所出。

〔二〕二女爲亂五世至悼公而後定　五世，謂莊公、公子班師、公子起、出公、悼公，凡更五君也。

趙靈吳女

趙靈吳女者，號孟姚，吳廣之女，趙武靈王之后也。初，武靈王娶韓王女爲夫人，生子章，立以爲后，章爲太子。王嘗夢見處女鼓瑟而歌曰〔一〕：「美人熒熒兮，顏若苕之榮〔二〕。命兮命兮〔三〕，逢天時而生〔四〕，曾莫我嬴嬴〔五〕。」異日，王飲酒樂，數言所夢，想

安陽君
韓夫人
武靈王
孟姚

見其人。吳廣聞之，乃因后而入其女孟姚，甚有色焉，王愛幸之，不能離。數年，生子何。孟姚數微言后有淫意，太子無慈孝之行，王乃廢后與太子，而立孟姚爲惠后，以何爲王，是爲惠文王。武靈王自號主父，封章於代，號安陽君。四年，朝羣臣，安陽君來朝，主父從旁觀窺羣臣宗室，見章儽然也，反臣於弟，心憐之。是時惠后死久恩衰，乃欲分趙而王章於代，計未決而輟。主父遊沙丘宮，章以其徒作亂，李兑乃起四邑之兵擊章，章走主父，主父閉之〔六〕，兑因圍主父宫。既殺章，乃相與謀曰：「以章圍主父，即解兵，吾屬夷矣。」乃遂圍主父，主父欲出不得，又不得食，乃探雀鷇而食之〔七〕。三月餘，遂餓死沙丘宫。詩曰：「流言以對，寇攘式内。」言不善之從内出也。

頌曰：吳女苕顔，神寤趙靈。既見嬖近，惑心乃生。廢后興戎，子何是成。主閉沙丘，國以亂傾。

【補注】

〔一〕王嘗夢見處女鼓瑟而歌曰　瑟，史記作「琴」。

〔二〕顔若苕之榮　苕，即淩霄也。榮，華也。史記集解綦母邃曰：「陵苕之草，其華紫。」

〔三〕命兮命兮　兮，史記作「乎」。

〔四〕逢天時而生　史記無此句。集解綦母邃曰：「言有命禄，生遇其時。」即此句之注也。

〔五〕曾莫我嬴嬴　莫，史記作「無」，「嬴」字不作重文。集解綦母邃曰：「人莫知己貴盛盈端也。」今按：嬴嬴，猶「盈盈」也。亦與「熒熒」聲義同，皆言其容體輕麗也。

〔六〕章走主父主父閉之　閉，史記作「開」。言開門納之也。本亦作「閉」，謂閉藏之也。二義俱通。

〔七〕乃探雀鷇而食之　史記索隱引曹大家注云：「鷇，雀子也。生受哺者謂之鷇。」

楚考李后

楚考李后者，趙人李園之女弟，楚考烈王之后也。初，考烈王無子，春申君患之。李園爲春申君舍人，乃取其女弟與春申君。知有身，園女弟承閒謂春申君曰：「楚王之貴幸君，雖兄弟不如。今君相楚三十餘年〔一〕，而王無子，即百歲後，將立兄弟。即楚更立君後，彼亦各貴其所親，又安得長有寵乎？非徒然也，君用事久，多失禮於王兄弟。兄弟誠立，禍且及身，何以保相印、江東之封乎？今妾知有身矣，而人莫知，妾之幸君未久，誠以君之重而進妾於楚王，楚王必妾〔二〕，妾賴天有子男，則是君之子爲王也，楚國盡可得，孰與身臨不測之罪乎？」春申君大然之，乃出園女弟，謹舍之，言之考烈王。考烈王召而幸之，遂生子悼，立爲太子〔三〕，園女弟爲后，而李園貴用事，養士欲殺春申君以滅口。及考烈王死，園乃殺春申君，滅其家。悼立，是爲幽王。後有考烈王遺腹子猶立，是爲哀王〔四〕。考烈王弟公子負芻之徒〔五〕，聞知幽王非考烈王子，疑哀王，乃襲殺哀王及太后，盡滅李園之家，而立負芻爲王。五年，而秦滅之。詩云：「盜言孔甘，亂是用餤。」此之謂也。

頌曰：李園女弟，發迹春申。考烈無子，果得納身。知重而入〔六〕，遂得爲嗣。既立畔本，宗族滅弑。

【補注】

〔一〕今君相楚三十餘年　史記「三」作「二」。

〔二〕楚王必妾　据史記，「必」下脱「幸」字。

〔三〕遂生子悼立爲太子　悼，史記作「悍」，此字形之誤。

〔四〕悼立是爲幽王後有考烈王遺腹子猶立是爲哀王　「幽王」下當脱「幽王死」三字。遺腹子名猶，

公子負芻
李夫人
楚考烈王

幽王母弟也。

〔五〕考烈王弟公子負芻之徒　史記云：「負芻，哀王庶兄。」此言考烈王弟，未詳。

〔六〕頌知重而入　重，謂懷孕也。詩曰：「大任有身。」毛傳：「身，重也。」

趙悼倡后

倡后者〔一〕，趙悼襄王之后也。前日而亂一宗之族。既寡，悼襄王以其美而取之。李牧諫曰：「不可。女之不正，國家所以覆而不安也。此女亂一宗，大王不畏乎？」王曰：「亂與不亂，在寡人爲政。」遂娶之。初，悼襄王后生子嘉，爲太子。倡后既入爲姬，生子遷。倡后既嬖幸於王，陰譖后及太子於王，使人犯太子而陷之於罪，王遂廢嘉而立遷，黜后而立倡姬爲后。及悼襄王薨，遷立，是爲幽閔王〔二〕。倡后淫佚不正，通於春平君〔三〕，多受秦賂，而使王誅其良將武安君李牧。其後秦兵徑入，莫能距。遷遂見虜於秦，趙亡。大夫怨倡后之譖太子及殺李牧，乃殺倡后而滅其家，共立嘉於代，七年不能勝秦，趙遂滅爲郡。詩云：「人而無禮，不死胡俟〔四〕？」此之謂也。

趙悼倡后
秦兵

頌曰：趙悼倡后，貪叨無足。墮廢后適〔五〕，執詐不慤。淫亂春平，窮意所欲。受賂亡趙，身死滅國〔六〕。

【補注】

〔一〕倡后者　史記集解徐廣引「邯鄲之倡」四字，當在此下，今脱去之。

〔二〕遷立是爲幽閔王　史記作「幽繆王」。徐廣曰：「又云湣王。」湣即閔耳。

〔三〕通於春平君　春平君，即太子嘉也。

〔四〕不死胡俟　胡，毛詩作「何」。

〔五〕頌墮廢后適　適，與「嫡」同。

〔六〕身死滅國　「國」字失韻，或改作「族」。

列女傳補注卷七

棲霞郝裕衡鑑堂校

列女傳補注卷八 二十傳無頌

福山 王照圓

續 傳

周郊婦人

周郊婦人者，周大夫尹固所遇於郊之婦人也。周敬王之時，王子朝怙寵爲亂，與敬王爭立，敬王不得入。尹固與召伯盈、原伯魯附於子朝。春秋魯昭二年六月〔一〕，晉師納王，尹固與子朝奉周之典籍出奔楚。數日道還，周郊婦人遇郊，尤之曰〔二〕：「處則勸人爲禍，行則數日而反，是其過三歲乎？」至昭公二十九年，京師果殺尹固。君子謂周郊婦人惡尹氏之助亂，知天道之不祐，示以大期，終如其言。詩云：「取辟不遠〔三〕，昊天不忒。」此之謂也。

周大夫
周郊婦人

【補注】

〔一〕春秋魯昭二年六月　「年」、「月」二字誤，當作「二十六年」，見春秋經傳。

〔二〕尤之曰　尤，過責也。

〔三〕取辟不遠　辟，毛詩作「譬」。

陳國辯女

辯女者〔一〕，陳國採桑之女也。晉大夫解居甫使於宋，道過陳，遇採桑之女，止而戲之曰：「女爲我歌，我將舍汝。」採桑女乃爲之歌曰：「墓門有棘，斧以斯之。夫也不良，國人知之。知而不已，誰昔然矣。」大夫又曰：「爲我歌其二。」女曰：「墓門有梅，有鴞萃止〔二〕。夫也不良，歌以訊止。訊予不顧〔三〕，顛倒思予。」大夫曰：「其梅則有，其鴞安在？」女曰：「陳，小國也。攝乎大國之閒，因之以飢餓，加之以師旅，其人且亡，而況鴞乎？」大夫乃服而釋之。君子謂辯女貞正而有辭，柔順而有守。詩云：「既見君子，樂且有儀。」此之謂也。

陳辯女
晉大夫

【補注】

〔一〕辯女者　藝文類聚引「辯」作「辨」，「辨」上有「陳」字。

〔二〕墓門有梅有鴞萃止　梅，當作「棘」。楚辭注云：「解居父聘乎吴，過陳之墓門，見婦人負其子，欲與之淫泆。婦人引詩刺之曰：『墓門有棘，有鴞萃止。』言墓門有棘，雖無人，棘上猶有鴞，汝獨不愧也。」据注及此傳所言，蓋皆魯詩之説也。本爲一事，而師授各異，故傳述不同耳。是「有梅」之「梅」，或俗本据毛詩妄改。魯詩二章俱作「有棘」，故云「棘上猶有鴞」，可知「梅」古本作「棘」矣。

〔三〕歌以訊止訊予不顧　夫子曰：「訊」俱「誶」字之誤。「誶」音「碎」，與「萃」相韻。誶，告也。作「訊」，音義俱舛矣。毛詩誤與此同，楚辭注引不誤。

聶政之姊

齊勇士聶政之姊也。聶政母既終，獨有姊在。及爲濮陽嚴仲子刺韓相俠累，所殺者數十人，恐禍及姊，因自披其面，抉其目，自屠剔而死〔一〕。韓暴其尸於市，購問以千金，莫

聶政姊
聶政
王孫賈
王孫賈母

知爲誰。姊曰：「弟至賢，愛妾之軀，滅吾之弟名〔二〕，非弟意也。」乃之韓哭聶政尸，謂吏曰：「殺韓相者，妾之弟軹深井里聶政也。」亦自殺於尸下。晉、楚、齊、衞聞之，曰：「非獨聶政之勇，乃其姊者，烈女也。」君子謂聶政姊仁而有勇，不去死以滅名。詩云：「死喪之威，兄弟孔懷。」言死可畏之事，唯兄弟甚相懷。此之謂也。

【補注】

〔一〕自披其面抉其目自屠剔而死　披，分離也。戰國策、史記俱作「皮」，「皮」即「披」字耳。「剔」作「出腸」二字。

〔二〕愛妾之軀滅吾之弟名　戰國策「愛」上有「不可」二字，「之弟」作「弟之」，此誤倒其文耳。

王孫氏母

王孫氏之母者，齊大夫王孫賈之母也。賈年十五，事齊閔王。國亂，閔王出，見弑，國人不討賊。王孫母謂賈曰：「汝朝出而晚來，則吾倚門而望汝。汝暮出而不還，則吾倚閭而望

陳嬰母
陳嬰

汝。今汝事王，王出走，汝不知其處，汝尚何歸乎？」王孫賈乃入市中而令百姓曰：「淖齒亂齊國，弑閔王，欲與我誅之者袒右〔一〕。」市人從者四百人，與之誅淖齒，刺而殺之。君子謂王孫母義而能教。詩云：「教誨爾子，式穀似之。」此之謂也。

【補注】

〔一〕欲與我誅之者袒右　袒，衣縫解也。右，右臂也。言袒出右臂以爲表識。戰國策有其事。漢書曰：「爲劉氏左袒。」本此也。

陳嬰之母

漢棠邑侯陳嬰之母也〔一〕。始嬰爲東陽令史，居縣素信，爲長者。秦二世之時，東陽少年殺縣令，相聚數千人，欲立長帥，未有所用，乃請陳嬰。嬰謝不能，遂强立之。縣中從之，得二萬人，欲立嬰爲王。嬰母曰：「我爲子家婦，聞先故不甚貴。今暴得大名，不祥。不如以兵有所屬，事成猶得封侯，敗則易以亡，可無爲人所指名也。」嬰從其言，以兵屬項梁，

王陵母
使者

梁以爲上柱國。後項氏敗，嬰歸漢，以功封棠邑侯。君子曰：嬰母知天命，又能守先故之業〔二〕，流祚後世，謀慮深矣。詩曰：「貽厥孫謀〔三〕，以燕翼子。」此之謂也。

【補注】

〔一〕漢棠邑侯陳嬰之母也　棠，漢表作「堂」。嬰蓋堂邑人，爲東陽令史，其母播旌人也。播旌、東陽、堂邑俱屬臨淮郡。

〔二〕又能守先故之業　先故，猶先古也。言能守其先世舊故之業。

〔三〕貽厥孫謀　貽，毛詩作「詒」。

王陵之母

漢丞相安國侯王陵之母也。陵始爲縣邑豪〔一〕，高祖微時兄事陵。及高祖起沛，陵亦聚黨數千，以兵屬漢王。項羽與漢爲敵國，得陵母，置軍中。陵使至，則東嚮坐陵母〔二〕，欲以招陵。陵母既而私送使者，泣曰：「爲老妾語陵，善事漢王。漢王長者，無以老妾故懷二心。言妾已死也。」乃伏劍而死，以固勉陵。項羽怒，烹之。陵志益感，終與高祖定天下，位至丞相，封侯，傳爵五世。君子謂王陵母能棄身立義，以成其子。詩云：「我躬不閱，遑恤我後。」終身之仁也〔三〕。陵母之仁，及五世矣。

【補注】

〔一〕陵始爲縣邑豪　「邑」字衍，史記、漢書無之。

〔二〕則東鄉坐陵母　東鄉者，尊禮之也。

〔三〕我躬不閱遑恤我後終身之仁也　本表記文。

張湯之母

漢御史大夫張湯之母也。湯以文法事漢孝武帝，爲御史大夫，好勝陵人，母數責怒，性不能悛改。後果爲丞相嚴青翟及三長史所怨，會趙王上書言湯罪，繫廷尉〔一〕，丞相及三長史共致其罪，遂自殺。昆弟諸子欲厚葬之，母曰：「湯爲天子大臣，被惡言而死，亦何厚葬〔二〕?」載以牛車，有棺而無槨。天子聞之，曰：「非此母不生此子。」乃盡案誅三長史，丞相嚴青翟自殺。君子謂張湯母能克己，感悟時主。詩云：「彼美孟姜，德音不忘。」此之謂也。

【補注】

〔一〕會趙王上書言湯罪繫廷尉　湯雖有罪，身未被繫。「繫」字誤也。漢書但云「事下廷尉」。

〔二〕亦何厚葬　「葬」下疑脱「爲」字。漢書作「何厚葬爲」。

雋不疑母

漢京兆尹雋不疑之母也，仁而善教。不疑爲京兆尹，行縣録囚徒還，其母輒問所平反，母喜笑〔一〕，飲食言語異於他時；或無所出，母怒，爲之不食。由是故不疑爲吏，不嚴不殘〔二〕。君子謂不疑母能以仁教。詩云：「昊天疾威〔三〕，敷于下土。」言天道好生，疾威虐之行于下土也。

雋不疑
不疑母
張湯母
張湯柩

【補注】

〔一〕其母輒問所平反母喜笑　據漢書「所」上脱「有」字。反，舊音「幡」。

〔二〕不嚴不殘　漢書作「嚴而不殘」。

〔三〕昊天疾威　毛詩「昊」作「旻」。

漢楊夫人

楊夫人者，漢丞相安平侯楊敞之妻也。漢昭帝崩，昌邑王賀即帝位，淫亂。大將軍霍光與車騎將軍張安世謀，欲廢賀，更立帝。議已定，使大司農田延年報敞，敞驚懼，不知所言，汗出浹背，徒曰唯唯而已。延年出更衣，夫人遽從東廂謂敞曰：「此國之大事，今大將軍議已定，使九卿來報君侯，君侯不疾應，與大將軍同心，猶與無決，先事誅矣。」延年從更衣還，敞夫人與延年參語許諾〔一〕，請奉大將軍教令，遂共廢昌邑王，立宣帝。居月餘，敞薨，益封三千五百户。君子謂敞夫人可謂知事之機者矣。詩云：「展彼碩女〔二〕，令德來教。」此之謂也。

田延年
夫人
楊敞

【補注】

〔一〕敞夫人與延年參語許諾　參，猶「錯」也。敞與延年共語，夫人從旁參錯之，代敞許諾也。

〔二〕展彼碩女　展，信也。碩，大也。言信彼大賢之女，以善德來教也。此蓋魯詩，毛詩「展」作「辰」。

漢霍夫人

霍夫人顯者〔一〕，漢大將軍博陸侯霍光之妻也。奢淫虐害，不循軌度。光以忠慎受孝武皇帝遺詔，輔翼少主。當孝宣帝時，又以立帝之功，甚見尊寵，人臣無二。顯有小女字成君，欲貴之，其道無由。會宣帝許后當産疾，顯乃謂女監淳于衍曰〔二〕：「婦人娩乳大故，十死一生。今皇后當娩身，可因投藥去之，使我女得爲后，富貴共之。」衍承其言，擣附子，碎太醫大丸中〔三〕，持入，遂藥弑許后。事急，顯以情告光，光驚愕，業已治衍，奏因令上署勿論〔四〕。顯遂爲成君衣補，治入宫具，果立爲后。是時，許后之子以正適立爲太子，顯怒，歐血不食曰：「此乃帝在民閒時子，安得爲太子？即我女有子，反當爲王邪？」復教皇后，

淳于衍
許后

令毒殺太子。皇后數召太子食，保阿輒先嘗之。光既薨，子禹嗣爲博陸侯。顯改更光時所造塋而侈大之，築神道，爲輦閣，幽閉良人奴婢〔五〕。又治第宅，作乘輿輦，盡繡絪鞦，黄金塗，爲薦輪〔六〕，侍婢以五采系輓顯遊戲〔七〕，又與監奴馮子都淫亂。禹等縱弛日甚。宣帝既聞霍氏不道，又弑許后事泄，顯恐怖，乃謀爲逆，欲廢天子而立禹，發覺，霍氏中外皆腰斬，而顯棄市，后廢處昭臺宫。詩云：「廢爲殘賊，莫知其尤。」言忕於惡，不知其爲過〔八〕。霍夫人顯之謂也

【補注】

〔一〕霍夫人顯者　漢書注引漢語：「東閭氏亡，顯以婢代立。」

〔二〕顯乃謂女監淳于衍曰　監，當作「醫」。醫，或作「毉」，以形近「監」而誤也。

〔三〕擣附子碎太醫大丸中　外戚傳「太醫」上有「并合」二字，注引晉灼曰：「大丸，今澤蘭丸之屬。」

〔四〕奏因令上署勿論　据外戚傳當作「因令奏上署勿論」，傳寫者誤倒其文耳。

〔五〕幽閉良人奴婢　霍光傳作「幽良人婢妾守之」，此脱「守之」二字。

〔六〕盡繡絪鞦黄金塗爲薦輪　盡，霍光傳作「畫」，此字形之誤也。「鞦」作「馮」。「薦輪」上有「韋絮」二

延年母
嚴延年

字，此脱，誤作「爲」字耳。絪，與「茵」同，車席也。鞦音「伏」，又音「被」，車具也，亦作「紨」。

〔七〕侍婢以五采系輓顯遊戲　霍光傳「系」作「絲」，「戲」下有「第中」二字。

〔八〕言忕於惡不知其爲過　忕，習也。言習慣爲殘賊之行，不自知其所行爲過惡。

嚴延年母

河南太守東海嚴延年之母也。生五男，皆有吏材，至二千石，東海號曰「萬石嚴嫗」〔一〕。延年爲河南太守，所在名爲嚴能。冬月，傳屬縣囚，論府下〔二〕，流血數里，河南號曰「屠伯」。其母常從東海來㊀，欲就延年臘〔三〕，到洛陽，適見報囚，母大驚，便止都亭，不肯入府。延年出至都亭謁，母閉閤不見〔四〕。延年免冠頓首閤下，母乃見之，因責數延年曰：「幸備郡守，專治千里，不聞仁義教化，有以全安愚民，顧乘刑罰多刑殺人，欲以致威，豈爲民父母之意哉？」延年服罪，頓首謝，因爲御歸府舍。母畢正臘〔五〕，已，謂延年曰：「天

㊀常，據上下文義，當作「嘗」。

道神明，人不可獨殺。我不自意老當見壯子被刑戮也。行矣，去汝東海〔六〕，掃除墓地耳。」遂去。歸郡，見昆弟宗族，復爲言之。後歲餘，爲府丞所章，結延年罪名十事〔七〕，下御史案驗，遂棄延年於市。東海莫不稱母賢智。君子謂嚴母仁智信道。詩云：「心之憂矣，寧自全矣〔八〕。」其嚴母之謂也。

【補注】

〔一〕東海號曰萬石嚴嫗　嫗，母也。嚴，東海下邳人，五子俱二千石，故號曰「萬石」。

〔二〕論府下　漢書作「會論府上」。

〔三〕欲就延年臘　臘，建丑之月祭名，家人因飲酒聚會也。

〔四〕閉閤不見　閤，門旁户也。小閨謂之閤。

〔五〕因爲御歸府舍母畢正臘　延年因自爲母御車歸府舍，母意不樂，臘及正歲禮畢，母便去也。「正」讀如字，又音「征」。

〔六〕去汝東海　海，當作「歸」。見漢書。

〔七〕爲府丞所章結延年罪名十事　府丞名義上書言事曰章。結，結正其罪也。

〔八〕寧自全矣　全，毛詩作「今」，此誤。

漢馮昭儀

漢馮昭儀者，孝元帝之昭儀，右將軍光祿勳馮奉世之女也。元帝二年，昭儀以選入後宮，始爲長使，數月爲美人〔一〕。生男，是爲中山孝王，美人爲婕妤。建昭中，上幸虎圈鬬獸，後宮皆從。熊逸出圈，攀檻欲上殿，左右貴人、傅昭儀皆驚走，而馮婕妤直當熊而立〔二〕，左右格殺熊。天子問婕妤：「人情皆驚懼，何故當熊？」對曰：「妾聞猛獸得人而止，妾恐至御坐，故以身當之。」元帝嗟嘆，以此敬重焉。傅昭儀等皆慚。明年，中山王封〔三〕，乃立婕妤爲昭儀，隨王之國，號中山太后。君子謂昭儀勇而慕義。詩云：「公之媚子，從公于狩。」論語曰：「見義不爲，無勇也。」昭儀兼之矣。

【補注】

〔一〕昭儀以選入後宮始爲長使數月爲美人　美人、長使、婕妤皆婦官名。元帝加昭儀。

〔二〕左右貴人傅昭儀皆驚走而馮婕妤直當熊而立　「昭儀」下脱「等」字，「當熊」上脱「前」字。

〔三〕明年中山王封　中山，當作「信都」。此時封信都王，至河平中，乃徙封中山。見外戚傳。

漢元帝
馮昭儀
熊

王章妻女

王章妻女，漢京兆尹王仲卿之妻及其女也。仲卿爲書生〔一〕，學於長安，獨與妻居。疾病，無被，卧牛衣中〔二〕，與妻訣，泣涕。妻呵怒曰：「仲卿！尊貴在朝廷〔三〕，誰愈於仲卿者？今疾病困厄，不自激昂，乃反涕泣，何鄙也！」後章仕宦至京兆尹。成帝舅大將軍王鳳秉政專權，章雖爲鳳所舉，意不肯附。會有日食之變，章上封事，言鳳不可任用，事成當上〔四〕，妻止之曰：「人當知足，獨不念牛衣中流涕時邪？」章曰：「非女子所知。」書遂上。天子不忍退鳳，章猶是爲鳳所陷，事至大逆〔五〕，收繫下獄。章有小女，年十二，夜號哭曰：「平日坐獄上聞呼囚〔六〕，數常至九，今八而止。我君素剛，先死者必我君也。」明日問之，果死。妻子皆徙合浦。鳳薨後，成都侯王商爲大將軍，閔章無罪，白還其妻子財産田宅，衆庶給之〔七〕。君子謂王章妻知卷舒之節〔八〕。詩云：「昊天已威，予慎無罪。」言王爲威虐之政，則無罪而遘咎也。

【補注】

〔一〕仲卿爲書生　書，當爲「諸」，聲之誤也。男子稱名，婦人稱字。上句「王仲卿之妻」及此句「仲

官吏
王章
王章妻女

卿」俱當作「章」。稱字，蓋失之矣。

〔二〕卧牛衣中　漢書集注：「牛衣，編亂麻爲之。即今俗呼爲龍具者。」

〔三〕尊貴在朝廷　漢書「尊」上有「京師」二字，「廷」下有「人」字，此脱去之。

〔四〕事成當上　事，封事也。言封事既成，當奏上之。

〔五〕章猶是爲鳳所陷事至大逆　猶，與「由」同。事，當作「罪」。

〔六〕平日坐獄上聞呼囚　坐獄，謂罪名所坐，收禁獄中者也。「坐獄」二字連讀。漢書「平」下脱「日」字，「坐」誤作「生」。説者遂以「平生」爲先時，殊失之也。宜据此傳以證漢書之脱誤。

〔七〕衆庶給之　給，與也。言衆庶俱冤章，給與其財産田宅也。

〔八〕君子謂王章妻知卷舒之節　卷舒，猶屈伸也。

班女婕妤

班婕妤者，左曹越騎班況之女，漢孝成皇帝之婕妤也。賢才通辯。始選入後宫，爲小使〔一〕，俄而大幸，爲婕妤。成帝遊於後庭，嘗欲與婕妤同輦，辭曰：「觀古圖畫，賢聖之

漢成帝
班婕妤

君皆有名臣在側，三代之末主乃有女嬖。今欲同輦，得無似之乎？」上善其言而止。太后聞而喜曰：「古有樊姬，今有班婕妤。」每誦詩及窈窕、德家、女師之篇〔二〕，必三復之。每進見上疏，依古禮。自鴻嘉之後，成帝稍隆於女寵，婕妤進侍者李平，平得幸，立爲婕妤。帝曰：「始衛皇后亦從微起。」乃賜平姓曰衛，所謂衛婕妤也。其後趙飛燕姊妹有寵驕妒〔三〕，譖訴婕妤云：「挾邪詛呪。」考問班婕妤〔四〕，曰：「妾聞死生有命，富貴在天。修正尚未蒙福，爲邪欲以何望？且使鬼神有知，不受不臣之訴；如其無知，訴之何益？故弗爲也。」上善其對而憐閔之，賜黄金百斤。時飛燕驕妒，婕妤恐久見危，求供養皇太后於長信宫，上許焉。婕妤退處東宫，作賦自傷曰：「承祖考之遺德兮，荷性命之俶靈〔五〕。登薄軀於宫闕兮，充下陳於後庭。蒙聖皇之渥惠兮，當日月之盛明。揚光烈之翕赫兮，奉隆寵於層成〔六〕。既過幸於非位兮，竊庶幾乎嘉時。每寤寐而累息兮，申佩離以自思〔七〕。陳女圖而鏡鑑兮，顧女史而問詩。悲晨婦之作戒兮〔八〕，哀褒豔之爲尤〔九〕。美皇英之女舜兮〔一〇〕，榮任姒之母周。雖愚陋其靡及乎〔一一〕，敢舍心而忘兹。歷年歲而悼懼兮，閔繁華之不滋〔一二〕。痛陽禄與柘觀兮，仍襁褓而離災〔一三〕。豈妾人之殃咎兮，將天命之不可求。白日忽以移光兮，遂奄莫而昧幽〔一四〕。猶被覆載之厚德兮，不廢捐於罪尤。奉供養於東宫兮，託長信之末流。供洒埽於帷幄兮，永終死以爲期。願歸骨於山足兮，依松柏之餘休。重曰〔一五〕：潛玄宫兮幽以清，應門閉兮禁闥扃。華殿塵兮玉階苔，中庭萋兮緑草生。廣屋蔭兮幨帷晻〔一六〕，房櫳虚兮風泠泠。感帷裳兮發紅羅，紛悴憏兮紈素聲〔一七〕。神眇眇兮密靖處，君不御兮誰爲榮。俯視兮丹墀，思君兮履綦〔一八〕。仰視兮雲屋，雙涕下兮横流〔一九〕。顧左右兮和顔，酌羽觴兮銷憂。惟人生兮一世，忽壹過兮若浮。已獨嚮兮高明，處生民兮極休。勉娱精兮極樂，與福禄兮無期。緑衣、白華〔二〇〕，自古兮有之。」至成帝崩，婕妤充奉園陵，薨，因葬園中。君子謂班婕妤辭同輦之言，蓋宣后之志也；進李平於同列，樊姬之德也；釋詛祝之譖，定姜之知也；求供養於東宫，寡李之行也〔二一〕。及其作賦，哀而不傷，歸命不怨。詩云：「有斐君子，如切如磋，如琢如磨。瑟兮僩兮，赫兮咺兮。有斐君子，終不可諼兮。」其班婕妤之謂也。

【補注】

〔一〕始選入後宫爲小使　小，當作「少」。少使，位第十一等。

〔二〕每誦詩及窈窕德家女師之篇　家，漢書作「象」，此字形之誤。窈窕、德象、女師，皆古詩篇名，不知出何書。

〔三〕其後趙飛燕姊妹有寵驕妒　妹，當作「娣」。外戚傳作「弟」。「驕妒」二字，下文方見，疑此衍也。

〔四〕挾邪詛呪考問班婕妤　呪，俗「祝」字也。「婕妤」二字應作重文，此脱。

〔五〕荷性命之俶靈　俶，善也。經傳假借作「淑」耳。見説文解字。

〔六〕奉隆寵於層成　層，外戚傳作「增」。增成，漢宫名。

〔七〕申佩離以自思　離，與「縭」同。詩曰：「親結其縭。」

〔八〕悲晨婦之作戒兮　婦人專男子之事，比於牝雞晨鳴也。

〔九〕哀褒豔之爲尤　豔，外戚傳作「閻」，是也。谷永傳「閻妻驕扇」，説者謂是魯詩也。毛詩作「豔妻」。此疑据毛詩改耳。尤，尤物也。

〔一〇〕美皇英之女舜兮　女，尼據切。「舜」當從外戚傳作「虞」。「女虞」與下句「母周」相比對也。

〔一一〕雖愚陋其靡及乎　靡及，言不及古人也。乎，當作「兮」，字形之誤耳。

〔一二〕閔繁華之不滋　繁，與「蕃」同。滋，生也。此言已生子不成，比於蕃華易落也。

〔一三〕痛陽禄與柘觀兮仍襁褓而離災　觀，外戚傳作「館」。陽禄、柘館，俱離宫名。生子於此，仍失之也。褓，當作「緥」。繈緥，小兒衣也。離，遭也。

〔一四〕遂奄莫而昧幽　奄，外戚傳作「晻」。晻，不明也。與「昧幽」義複，作「奄」爲長。奄，猶「忽」也。莫，讀爲「暮」。奄暮，忽然晚暮也。

〔一五〕重曰　重，猶「亂」也。亂者，理其繁辭；重者，申其餘意。

〔一六〕廣屋蔭兮幨帷晻　外戚傳作「廣室陰兮帷幄暗」。此「蔭」誤從草耳。晻，與「暗」同。

〔一七〕感帷裳兮發紅羅紛悴憭兮紈素聲　帷裳，裳正幅也。紅羅，當作「綺羅」。此與外戚傳俱誤作「紅」耳。悴憭，與「萃蔡」同。外戚傳作「綷縩」。文選琴賦注又引作「翠粲」，俱新衣聲也。紈亦素也，齊人工作之。

〔一八〕思君兮履綦　綦音「其」，履飾也。

〔一九〕雙涕下兮橫流　外戚傳無「下」字。

〔二〇〕緑衣白華　外戚傳「衣」下有「兮」字，此脱。

〔二一〕寡李之行也　寡李未詳。

漢趙飛燕

趙飛燕姊娣者，成陽侯趙臨之女，孝成皇帝之寵姬也。飛燕初生，父母不舉，三日不死，乃收養之。成帝常微行出㈠，過河陽主〔一〕，樂作，上見飛燕而悦之，召入宫，大幸；有女弟，復召入，俱爲婕妤，貴傾後宫。乃封父臨爲成陽侯。有頃，立飛燕爲皇后，其弟爲昭儀。飛燕爲后而寵衰，昭儀寵無比，居昭陽舍，其中廷彤朱，殿上漆〔二〕，砌皆銅沓〔三〕，黄金塗，白玉階〔四〕，壁往往爲黄金釭，函藍田璧玉，明珠翠羽飾之〔五〕，後宫未嘗有焉。姊娣專寵而悉無子，嬌媚不遜，嫉妒後宫。帝幸許美人，有子。昭儀聞之，謂帝曰：「常紿我從中宫來〔六〕，今許美人子何從生？」懟，手自擣〔七〕，以頭擊柱，從牀上自投地，涕泣不食，曰：「今當安置我？我欲歸爾。」帝曰：「我欲語之，反怒爲？」亦不食。昭儀曰：「陛下自如是，不食謂何〔八〕？陛下常言『約不負汝』，今許美人有子，竟負約，謂何？」帝曰：「約以趙氏，故不立許氏，使天下無出趙氏之上者，無憂也。」乃詔許氏夫人〔九〕，令殺所生兒，革篋盛緘之〔一〇〕。帝與昭儀共視，復緘，

㈠常，文選樓叢書本古列女傳同，然文後王氏補注引作「嘗」，蓋以此字當同漢書外戚傳作「嘗」。

趙昭儀
漢成帝
趙飛燕

封以御史中丞印，出埋獄垣下。中宮史曹宮，字偉能，御幸生子，帝復用昭儀之言，勿問男女殺之。宮未殺，昭儀怒。掖庭獄丞籍武因中黄門奏事曰：「陛下無繼嗣，子無貴賤，唯留意。」帝不聽。時兒生八九日，遂取去殺之。昭儀與偉能書及藥，令自死。偉能得書曰：「果欲姊娣擅天下！且我兒額上有壯髮，似元帝〔二〕。今兒安在？已殺之乎？」乃飲藥死。自後御幸有子者輒死，或飲藥自墮，由是使成帝無嗣。成帝既崩，援立外藩，仍不繁育。君子謂趙昭儀之凶嬖，與褒姒同行；成帝之惑亂，與周幽王同風。詩云：「池之竭矣，不云自濱〔三〕。泉之竭矣，不云自中。」成帝之時，舅氏擅外，趙氏專内，其自竭極，蓋亦池泉之勢也。

【補注】

〔一〕成帝嘗微行出過河陽主　外戚傳「河陽」作「陽阿」，説者以「河陽」爲後人所改。然五行志及荀悦漢紀亦俱作「河陽」。

〔二〕其中廷彤朱殿上漆　廷，與「庭」同。彤朱，以赤色飾地，即丹墀也。殿上以髤漆爲飾。

〔三〕砌皆銅沓　砌，階砌也。外戚傳作「切」。沓，合也。以銅合其砌縫。

〔四〕黄金塗白玉階　塗，路也。言中庭之路，以黄金爲飾。殿上之階，以白玉爲文。復説上事也。

〔五〕壁往往爲黄金釭函藍田璧玉明珠翠羽飾之㊀　釭，車轂中鐵也。壁中横木如帶，以黄金飾其外，如釭形，因謂之釭。故服虔注曰：「釭，壁中之横帶也。」緣服此注有「帶」字，而流俗傳寫，漢書遂衍作「壁帶」，誤矣。函，猶「銜」也。釭，作圜孔於中，銜美璧爲飾。「玉」字衍也。其旁又以明珠翠羽連綴爲飾。

〔六〕常紿我從中宫來　紿，欺誑也。中宫，皇后宫也。

〔七〕懟手自搗　懟，怨也。搗，與「擣」同，手椎也。外戚傳「懟」下有「以」字，此脱去之。

〔八〕陛下自如是不食謂何　如是，指許美人事也。言陛下自己要如是耳，不食亦何謂也。「如是」之「如」，外戚傳作「知」字，誤。

〔九〕乃詔許氏夫人　「氏夫人」三字蓋「美人」二字之誤衍。

〔一〇〕革篋盛緘之　外戚傳「革」作「葦」，二字形近，疑作「革」是也。緘，束也。

〔一一〕且我兒額上有壯髮似元帝　額，當作「額」。壯髮者，額上髮多覆下，故曰壯也。

〔一二〕池之竭矣不云自濱　濱，毛詩作「頻」。即「瀕」字之省耳。瀕，古「濱」字也。瀕，水厓也。

㊀壁，原作「璧」，據正文改正。按萬有文庫本亦作「璧」。

孝平王后

漢孝平王后者，安漢公、太傅、大司馬王莽之女，孝平皇帝之后也。爲人婉淑有節行〔一〕。平帝即位，后年九歲，莽秉政，欲只依霍光故事，以女配帝〔二〕，設詐以成其禮，諷皇太后遣長樂少府、宗正、尚書令納采，太師、大司徒、大司空以下四十人皮弁素積而告宗廟〔三〕。明年春，遣司徒、司空、左右將軍奉乘輿法駕，迎皇后于安漢公第，司徒授璽綬，登車稱警蹕，時自上林延壽門入未央前殿。羣臣就位，行禮畢，大赦天下，賜公卿下至趨宰執事皆有差〔四〕。后立歲餘，平帝崩。後數年，莽篡漢位，后年十八，自劉氏廢，常稱疾不朝會。莽敬憚哀傷，意欲嫁之，令立國將軍孫建世子豫將醫往問疾〔五〕，后大怒，笞鞭旁侍御，因廢疾不肯起〔六〕，莽遂不敢强也。及漢兵誅莽，燔燒未央，后曰：「何面目以見漢家！」自投火中而死。君子謂平后體自然貞淑之行，不爲存亡改意，可謂節行不虧汙者矣。詩曰：「髧彼兩髦，實惟我儀，之死矢靡他。」此之謂也。

【補注】

〔一〕爲人婉淑有節行　外戚傳「淑」字作「瘱」，音於計切，亦通作「悘」。悘，訓静也。或作「嫕」，

王后赴火
漢兵

其音同耳。故文選注兩引之：一、女史箴注引漢書作「婉嫕有節操」，又引曹大家注：「婉，柔和。嫕，深邃也。」一、洞簫賦注引曹大家注曰：「瘱，深邃也。音翳。」是瘱、嫕字通，故兩存之。今本作「淑」，或後人妄改其文，宜据漢書、選注還曹本之舊焉。

〔二〕欲只依霍光故事以女配帝　外戚傳無「只」字，不知何字之誤衍。

〔三〕四十人皮弁素積　外戚傳作「四十九人」，此脱「九」字耳。皮弁，以鹿皮爲冠也。素積，素裳也。

〔四〕賜公卿下至趨宰執事皆有差　外戚傳「趨」作「騶」，疑此本作「趣」。趣、騶音近字通耳。詩曰：「蹶維趣馬。」

〔五〕孫建世子豫將醫往問疾　外戚傳「豫」作「襐飾」二字，此「豫」即「襐」字之誤，又脱「飾」字耳。襐，服飾也。急就篇云：「襐飾刻畫無等雙。」

〔六〕因廢疾不肯起　外戚傳「廢疾」作「發病」。

更始夫人

漢更始韓夫人者，更始皇帝劉聖公之夫人也。佞諂邪媚，嗜酒無禮。初，王莽之末，更始以新

更始皇帝
韓夫人
奏事

市、平林、下江之衆起，自立爲「更始將軍」，兵威日盛，遂自立爲帝，以紹漢統。及申屠建討莽，首詣宛〔一〕，更始視之曰：「不如此，當與霍光等。」韓夫人曰：「不如此，帝那得之？」其佞巧得更始意如此。更始既墮於政事，而韓夫人嗜酒淫色，日與更始醉飲沈湎，乃令侍中於幃幕之内詐爲更始與羣臣語。羣臣知非更始聲，莫不怨恨。尚書奏事〔二〕，韓夫人曰：「帝方對我飲樂，正用是時來奏事！」由是綱紀不攝，諸侯離畔。赤眉入關，不能制，乃將妻子、奉天子璽綬降於赤眉，爲赤眉所殺。詩云：「彼昬不知，一醉日富。」其更始與韓夫人之謂也。

【補注】

〔一〕及申屠建討莽首詣宛　「首」上脱「傳」字，見後漢書。

〔二〕尚書奏事　後漢書「尚書」作「常侍」，此疑誤。

梁鴻之妻

梁鴻妻者，右扶風梁伯淳之妻〔一〕，同郡孟氏之女〔二〕。其姿貌甚醜，而德行甚修，鄉里多求

梁鴻
孟光

者，而女輒不肯。行年三十，父母問其所欲，對曰：「欲節操如梁鴻者。」時鴻未娶，扶風世家多願妻者，亦不許，聞孟氏女賢，遂求納之。孟氏盛飾入門，七日而禮不成〔三〕，妻跪問曰：「竊聞夫子高義，斥數妻，妾亦已偃蹇數夫〔四〕。今來而見擇，請問其故。」鴻曰：「吾欲得衣裘褐之人，與共遁世避時。今若衣綺繡，傅黛墨，非鴻所願也。」妻曰：「竊恐夫子不堪〔五〕，妾幸有隱居之具矣。」乃更麄衣椎髻而前〔六〕。鴻喜曰：「如此者，誠鴻妻也。」字之曰德曜，名孟光，自名曰運期，字俟光〔七〕，共遯逃霸陵山中。此時王莽新敗之後也。鴻與妻深隱，耕耘織作，以供衣食，誦書彈琴，忘富貴之樂。後復相將至會稽〔八〕，賃舂爲事。雖雜庸保之中〔九〕，妻每進食，舉案齊眉〔一〇〕，不敢正視。以禮修身，所在敬而慕之。君子謂梁鴻妻好道安貧，不汲汲於榮樂。論語曰：「不義而富且貴，於我如浮雲。」此之謂也。

【補注】

〔一〕右扶風梁伯淳之妻　後漢書逸民傳「淳」作「鸞」。

〔二〕同郡孟氏之女　文選注引「女」下有「也」字，此脱。

〔三〕七日而禮不成　逸民傳作「七日而鴻不荅」。

〔四〕斥數妻妾亦已偃蹇數夫　斥，遠也。偃蹇，倨傲也。言夫子斥遠數妻不娶，已亦偃蹇數夫不嫁矣。

〔五〕竊恐夫子不堪　堪，克也，勝也。

〔六〕乃更麤衣椎髻而前　更，改也。麤，與「粗」同。椎髻者，言爲髻一撮，其形似椎，因以爲名。太平御覽引此作「荆釵布裙」。

〔七〕自名曰運期字侯光　逸民傳作：「易姓運期，名燿，字侯光。」與此不同。「侯」、「俟」字形相近，此當别有所据。

〔八〕後復相將至會稽　逸民傳作「至吴」，不同。

〔九〕雖雜庸保之中　庸，用也。保，任也。言爲人傭，可任用也。

〔一〇〕妻每進食舉案齊眉　案，几屬，舉以進食也。齊眉，言俛首爲恭，不敢仰視也。或曰：案，古「椀」字。此言非矣。内則亦云：「御者舉几。」几、案同類，何必是椀乃可舉也。

明德馬后

明德馬后者，漢明帝之后，伏波將軍、新息忠成侯馬援之女也。少有岐嶷之性，年十三，以選入太子家。接待同列，如承至尊，先人後己，發於至誠，由此見寵。時及政事，后推心以對，無不當理，意有所未安，則明陳其故。是時後宮未有妊育者，常言繼嗣當時而立，薦達左右，如恐弗及。其後宮有進見者，輒奉養慰納之，其寵益進者，與之愈隆。是時宮中尚無人事，皆自爲舞衣袿，裁成手皆瘃裂〔一〕。終未嘗與侍御者私語，防僮御雜錯，或因有所訴，恐萬分見於顔色，故預絶其漸，其慎微如是。永平三年，有司奏立長秋宮〔二〕，以率八妾。上未有所言，皇太后曰：「馬貴人德冠後宮，即其人也。」遂登后位。身衣大練，御者秃裙不緣〔三〕，率皆羌胡倭越，未嘗請舊人僮使。諸王親家朝請〔四〕，望見后袍極麤疏，反以爲綺，就視乃笑。后曰：「此繒染色好，故用之耳。」老人知者無不嗟息。性不喜出入游觀，未嘗臨御窗〔五〕，又不好音樂。上時幸苑囿離宮，以故希從，輒戒言不宜晨起及禽〔六〕，因陳風邪霧露之戒，辭意甚備。上納焉。誦易經，習詩、論、春秋，畧説大義，讀楚辭不竟，賦誦過耳，疾浮華〔七〕。聽言觀論，輒擿發其要。讀光武皇帝本紀，至於「獻千里馬、寶劒者，上以馬駕鼓車，劒賜騎士，手不持珠玉」，后未嘗不嘆息。時有楚獄，因證相引〔八〕，繫者甚多，后恐有單辭妄相覆冒，承閒爲上言之，惻然感動。於是上衣夜起彷徨，思論所納，非臣下得聞。后志在克己輔佐，不以私家干朝廷，兄爲虎賁中郎，弟黄門侍郎，訖永平世不遷。

諸小王
馬后
諸小王

明帝體不安，召黄門侍郎防奉參醫藥，夙夜勤勞。及帝崩，后作起居注，省去防參醫藥事。公卿諸侯上書言宜遵舊典，封舅氏。太后詔曰：「外戚横恣，爲世所傳。永平中常自簡練，知舅氏不可恣，不令在樞機之位。今水旱連年，民流滿道，至有饑餓，而施封拜，失宜不可。且先帝言諸王財令半楚、淮陽王〔九〕，吾子不當與光武帝子等，今柰何欲以馬氏比陰氏乎？吾自束修〔一〇〕，冀欲上不負先帝，下不虧先人之德。身服大練縑裙〔一一〕，食不求所甘，左右旁人，皆無香薰之飾，但布帛耳。如是者，欲身帥衆也，以爲外親見之，當傷心自克，但反共言太后素自喜儉。前過濯龍門上〔一二〕，見外家問起居，車如流水馬如龍〔一三〕，蒼頭衣緑直領〔一四〕，領袖正白，顧視旁御者，遠不及也。亦不譴怒，但絶其歲用，冀以默止讙耳〔一五〕。知臣莫若君，況親屬乎？人之所以欲封侯者，欲以禄食養其親，奉修祭祀，身温飽耳。今祭祀則受大官之牲，郡國既珍司農黍稷〔一六〕，身則衣御府之餘繒，尚未足邪？必當得一縣，上令長樂宫有負言之責，内亦不愧于世俗乎？」先是時，城門越騎校尉治母喪，起墳微大〔一七〕，後太后以爲言，惶懼，即時削減成墳。上下相承，俱奉法度，王主諸家，莫敢犯禁。廣平、鉅鹿、樂成王入問起居，見車騎鞍勒皆純黑，無金銀采飾，馬不踰六尺。章帝緣太后意，白賜錢五百萬。新平主衣紺縞直領，謫以不得厚賜。於是親戚被服如一，教化不嚴而從，以躬親率先之故也。置織室、蠶室濯龍中，后親往來占視於内〔一八〕，以爲娱樂。教諸小王，試其誦論，衎衎和樂，日夕論道，以終厥身。其視養章帝過所生，章帝奉之竭盡孝道。君子謂德后在家則可爲衆女師範，在國則可爲母后表儀。詩云：「惟此惠君，民人所瞻。秉心宣猷，考慎其相。」此之謂也。

【補注】

〔一〕皆自爲舞衣袿裁成手皆瘃裂　袿，婦人上服，一曰長襦也。瘃，陟玉切，手足中寒腫也。言自製衣襦，忍凍剪裁，手爲腫裂也。

〔二〕有司奏立長秋宮　宮名，皇后所居也。此言請立皇后耳。

〔三〕身衣大練御者禿裙不緣　大練，以大帛爲裙也。緣，緣邊也。言后及侍御者，爲裙俱不加緣。

〔四〕諸王親家朝請　後漢書注引漢律：「春曰朝，秋曰請。」

〔五〕未嘗臨御窗　窗，牖也。言未嘗臨窗窺視。

〔六〕輒戒言不宜晨起及禽　及，疑「從」字之誤也。言晨起從禽，恐犯風邪霧露，故戒之。

〔七〕讀楚辭不竟賦誦過耳疾浮華　疾，惡也。言深惡賦家浮華之辭也。後漢書言后好讀楚辭，此傳又言「讀楚辭不竟」，未聞其説。

〔八〕時有楚獄因證相引　楚獄，楚王英之獄也。因，蓋「囚」字之誤，後漢書作「囚相證引」，此誤倒其文耳。

〔九〕且先帝言諸王財令半楚淮陽王　財，猶「僅」也。言諸子封國，僅及楚、淮陽之半耳。「先帝」下「言」字宜移於「淮陽王」之下，屬下句讀之。

〔一〇〕吾自束修　束修，言檢束修潔也。論語云：「自行束修。」

〔一一〕身服大練縑裙　縑，并絲繒也。繒，帛也。縑者，取其厚而堅緻。

〔一二〕前過濯龍門上　後漢書注引續漢志曰：「濯龍，園名也。近北宫。」

〔一三〕車如流水馬如龍　後漢書「龍」上有「遊」字。

〔一四〕蒼頭衣緑直領　「直領」二字，後漢書作「褠」字。褠，臂衣也。以縛左右臂，令操事便也。此「直」疑「褠」字之誤。「領」字涉下句「領袖」而衍耳。

〔一五〕但絶其歲用冀以默止讙耳　言抑絶其歲用經費，以愧厲之，冀欲以静默止其讙譁耳。

〔一六〕今祭祀則受大官之牲郡國既珍司農黍稷　珍，獻也。言今祭祀之費、牲牷則受之大官，黍稷又獻於司農。

漢和帝
梁夫人

〔一七〕治母喪起墳微大　母，即太后之母藺夫人也。後漢書：「太夫人葬，起墳微高。」

〔一八〕后親往來占視於内　占，與「覘」同。覘視，窺觀也。

梁夫人嫕

梁夫人嫕者，梁竦之女，樊調之妻，漢孝和皇帝之姨〔一〕，恭懷皇后之同産姊也。初，恭懷后以選入掖庭〔二〕，進御于孝章皇帝，有寵，生和帝，立爲太子。竇后母養焉。和帝之生，梁氏喜相慶賀，聞竇后。竇后驕恣，欲專恣害外家，乃誣陷梁氏。時竦在本郡安定，詔書收殺之，家屬移九真。後和帝立，竇后崩，諸竇以罪惡誅放。嫕從民間上書自訟曰：「妾同産女弟貴人，前充後宫，蒙先帝厚恩，得見寵幸。皇天授命，育生明聖，託體陛下。爲竇憲兄弟所譖訴而破亡。父竦寃死牢獄，體骨不掩。老母孤弟，遠徙萬里。獨妾脱身，竄伏草野，嘗恐殁命，無由自達。今遭陛下神聖之德，攬統萬機，憲兄弟奸惡伏誅，海内曠然，各得其所。妾幸蘇息，拭目更視，敢昧死自陳。父既湮没，不可復生。母垂年七十，弟棠等遠在絶域，不知死生。願乞母弟還本郡，收葬竦枯骨。妾聞文帝即位，薄氏蒙達；宣帝繼統，史氏復興。妾自悲既有薄、史之親，獨不得蒙外戚餘恩。」章疏上，天子感悟，使中常侍、掖庭令雜訊問，知事明審，引見嫕，對上泣涕，賞賜累億。嫕既素有節行，又首建此事，上嘉寵之，稱梁夫人。擢嫕夫樊調爲郎中，遷羽林郎將。恭懷后遂乃改殯於承光宮，葬西陵。追謚竦爲褒親愍侯，徵還母及弟等。及既到，皆封侯，食邑五千户。君子謂梁夫人以哀辭發家，開悟時主，榮父之魂，還母萬里，爲家門開三國之祚〔三〕，使天子成母子之禮。詩云：「世之不顯，厥猶翼翼。思皇多士，生此王國。」此之謂也。

【補注】

〔一〕漢孝和皇帝之姨　「母之姊妹曰姨。禮謂之從母」，見釋名。

〔二〕以選入掖庭　掖庭，宮中署名也。後漢書皇后紀注：「永巷，後改爲掖庭。」

〔三〕爲家門開三國之祚　三國者，梁竦傳云：「封子棠爲樂平侯，棠弟雍乘氏侯，雍弟翟單父侯。」

列女傳補注卷八

福山王餘菖炯夫校勘

列女傳補注敘録一卷

列女傳原目㈠

漢護左都水使者光禄大夫劉向編撰

第一卷

母儀傳　古列女傳頌義大序一篇，小序七章，頌一百單五章，云劉歆撰。大序見前。

惟若母儀，賢聖有智。行爲儀表，言則中義。胎養子孫，以漸教化。既成以德，致其功業。姑母察此，不可不法。

右係頌義小序，頌見逐傳篇末。

有虞二妃　棄母姜嫄

契母簡狄　啓母塗山

㈠列女傳原目，此五字底本所無，今酌情添加。

湯妃有㜪　周室三母
衛姑定姜　齊女傅母
魯季敬姜　楚子發母
鄒孟軻母　魯之母師
魏芒慈母　齊田稷母
魯師氏母補

第二卷

賢明傳

惟若賢明，廉正以方。動作有節，言成文章。咸曉事理，知世紀綱。循法興居，終日無殃。妃后賢焉，名號必揚。

右頌義小序。

周宣姜后　齊桓衛姬
晉文齊姜　秦穆公姬

第三卷

仁智傳

惟若仁智，豫識難易。原度天道，禍福所移。歸義從安，危險必避。專專小心，永懼匪懈。夫人省兹，榮名必利。

衛靈夫人　齊靈仲子

魯臧孫母　晉羊叔姬

晉范氏母　魯公乘姒

魯漆室女　魏曲沃負

趙將括母

第四卷

貞順傳

惟若貞順，修道正進。避嫌遠别，爲必可信。終不更二，天下之俊。勤正潔行，精專謹慎。諸姬觀之，以爲法訓。

召南申女　宋共伯姬

衛宣夫人　蔡人之妻

黎莊夫人　齊孝孟姬

息君夫人　齊杞梁妻

楚昭貞姜　楚平伯嬴

楚白貞姬　衛宗二順

魯寡陶嬰　梁寡高行

陳寡孝婦

第五卷

節義傳

惟若節義，必死無避。好善慕節，終不背義。誠信勇敢，何有險詖。義之所在，赴之不疑。姜姒法斯，以爲世基。

魯孝義保　楚成鄭瞀

晉圉懷嬴　楚昭越姬

蓋將之妻　魯義姑姊

代趙夫人　齊義繼母

魯秋潔婦　周主忠妾

第六卷

辯通傳

惟若辯通，文辭可從。連類引譬，以投禍凶。推摧一切，後不復重。終能一心，開意甚公。妻妾則焉，爲世所誦。

楚處莊姪　齊女徐吾

齊太倉女

第七卷

孽嬖傳

惟若孽嬖，亦甚嫚易。淫妒熒惑，背節棄義。指是爲非，終被禍敗。

夏桀末喜　殷紂妲己

周幽褒姒　衛宣公姜

魯桓文姜　魯莊哀姜

晉獻驪姬　魯宣穆姜㊀

陳女夏姬　齊靈聲姬

齊東郭姜　衛二亂女

㊀穆，正文作「繆」。

趙靈吴女　楚考李后

趙悼倡女㊀

第八卷

續列女傳

周郊婦人續仁智第十二

陳國辯女續辯通第七

聶政之姊續節義第十三

王孫氏母續節義第十四

陳嬰之母續賢明第十六

王陵之母續節義第十九

張湯之母續仁智第十八

㊀女，正文作「后」。

雋不疑母續母儀第十七

漢楊夫人續賢明第十八

漢霍夫人續孽嬖第十七

嚴延年母續仁智第十七

漢馮昭儀續節義第十八

右十二傳漢成帝前人而無頌。

王章妻女續仁智第十九

班女婕妤續辯通第十七

漢趙飛燕續孽嬖第四

孝平王后續貞順第十一

更始夫人續孽嬖第十八

梁鴻之妻續賢明第十七

明德馬后續母儀第七

梁夫人嫕續辯通第十八

右三傳成帝同時人，五傳後時人，而皆班氏前人或同時人，竝無頌。

崇文總目序

右列女傳，劉向撰，後漢班氏注。按向作列女傳八篇，一曰母儀，二曰賢明，三曰仁智，四曰貞順，五曰節義，六曰辯通，七曰孽嬖，八曰傳頌。

謹按：列女傳頌義大序、小序及頌，或者皆以爲劉向子劉歆作。驥謹按：隋書、崇文總目及本朝曾校書序，則非歆作明矣。然崇文總目則以續二十傳無頌，附入向七篇中，分上下爲一十四篇，并傳頌一篇，共成一十五篇。今人則以向所撰列女傳七篇，并續列女傳二十傳爲一篇，共計八篇。今止依此，將頌義大序列於目録前，小序七篇散見目録中間，頌見各人傳後，觀者宜詳察焉。嘉定七年甲戌十二月初五日，武夷蔡驥孔良拜手謹書。

列女傳目録序

劉向所敘列女傳凡八篇，事具漢書向列傳，而隋書及崇文總目皆稱向列女傳十五篇，曹大家注。以頌義攷之，蓋大家所注，離其七篇爲十四，與頌義凡十五篇，而益以陳嬰母及東漢以來凡十六事，非向書本然也。蓋向舊書之亡久矣。嘉祐中，集賢校理蘇頌始以頌義篇次，復定其書爲八篇，與十五篇竝藏於館閣。而隋書以頌義爲劉歆作，與向列傳不合。今驗頌義之文，蓋向之自敘。又蓺文志有向列女傳頌圖，明非歆作也。自唐之亂，古書之在者少矣，而唐志録列女傳凡十六家，至大家注十五篇者，亦無録，然其書今在。則古或有録而亡，或無録而在者亦衆矣，非可惜哉！今校讎其八篇及十五篇者已定，可繕寫。初，漢承秦之敝，風俗已大壞矣，而成帝後宫趙、衞之屬尤自放。向以謂王政必自内始，故列古女善惡所以致興亡者以戒天子，此向述作之大意也。其言大任之娠文王也，目不視惡色，耳不聽淫聲，口不出敖言，又以謂古之人胎教者皆如此。夫能正其視聽言動者，此大人之事，而有道之所畏也。顧今天子之女子能之，何其盛也！以臣所聞，蓋爲之師傅保姆之助，詩、書、圖、史之戒，珩璜琚瑀之節，威儀動作之度，其教之者有此具，然古之君子未嘗不以身化也。故家人之義歸於反身，二南之業本於文王，豈自外至哉？世皆知文王之所以興，能得内助，而不知其所以然者，蓋本於文王之躬化，故内則后妃有關雎之行，外則羣臣有二南之美，與之相成。其推而及遠，則商辛之昏俗，江漢之小國，兔罝之野人，莫不好善而不自知，此所謂身修故家國天下治者也。後世自學問之士多徇於外物而不安其守，其室家既不見可法，故競於邪侈，豈獨無相成之道哉？士之苟於自恕，顧利冒恥而不知反己者，往往以家自累故也。故曰：「身不行道，不行於妻子。」信哉！如此人者，非素處顯也，然去二南之風亦已遠矣，況於南鄉天下之主哉？向之所述，勸戒之意可謂篤矣。然向號博極羣書，而此傳稱詩芣苢、柏舟、大車之類，與今序詩者之説尤乖異，蓋不可攷。至於式微之一篇，又以謂二人之作，豈其所取者博，故不能無失歟？其言象計謀殺舜及舜所以自脱者，頗合於孟子。然此傳或有之，而孟子所不道者，蓋亦不足道也。凡後世諸儒之言經傳者，固多如此，覽者采其有補而擇其是非可也。故爲之敘論以發其端云。編校館閣書籍臣曾鞏。

列女傳序

古列女傳八篇，劉向所序也。向爲漢成帝光禄大夫，當趙后姊娣嬖寵時，奏此書以諷宫中。其文美刺詩、書已來女德善惡繫於家國治亂之效者，故有母儀、賢明、仁智、貞慎、節義、辯通、孽嬖等篇，而各頌其義，圖其狀，總爲卒篇。傳如太史公記，頌如詩之四言，而圖爲屏風云。然世所行班氏注向書，乃分傳每篇上下，並頌爲十五卷。其十二傳無頌，三傳其同時人，五傳其後人，而通題曰向撰，題其頌曰向子歆撰，與漢史不合，故崇文總目以陳嬰母等十六傳爲後人所附。予以頌攷之，每篇皆十五傳耳。則凡無頌者，宜皆非向所奏書，不特自陳嬰母爲斷也。頌有齊倉公女等，亦漢時人，而秦已上女史見於他書而此顧不録者猶衆，亦不特周郊婦等四人而已。頌云畫之屏風，而史有頌圖，在八篇中，今直祕閣吕縉叔、集賢校理蘇子容、象山令林次中各言嘗見母儀、賢明四卷於江南人家，其畫爲古佩服，而各題其頌像側。然崇文及三君北遊諸藏書家皆無此本，不知其傳果向之頌圖歟？抑後好事者據其頌取古佩服而圖之歟？莫得而攷已。余讀向書，每愛其文，嘉其志，而惜其所序散亡脱繆於千歲之間，幸存而完者，此一書耳，復爲他手竄疑於其真，故並録其目，而以頌證之，删爲八篇，號古列女傳。蓋凡以「列女」名書者，皆祖之劉氏故云。餘二十傳，其文亦奥雅可喜，非魏晉諸史所能作也。故又自周郊婦至東漢梁嫕等以時次之，别爲一篇，號續列女傳。余友介甫嘗謔余曰：「子政述諸狂女而成書証其君，迂哉其所學也！有子何區區喜治之邪？」余以謂先王之俗既熄，學士大夫誦詩書、修仁義，進取當路之功，有卓犖顯赫、若不可攀者，試窮其迹，其不槩於聖人多矣。然聖人之道，亦未嘗廢狂狷也，況女子哉？且其所立，其惡者固足以垂家國之戒，狂者雖未中禮義，而壹志於善，行成於房闥，使其皆遭先王之俗，追琢其質而充其美，自家形國，則雖列於賢妃治臣、著之詩、書可也。余是以閔其不幸，而與向之舉於其君，固有直諒多聞之益也。竊明而存之，以告後世君子，何尤焉？嘉祐八年九月二十八日，長樂王回序竝撰。

列女傳補注序

列女傳補注者，補曹大家注也。古之注此書者，隋志有趙母、高氏，文選注有虞貞節，惟大家之注，至北宋猶存，見於史記正義、選注所引，凡有數處。今不敢自名爲注，故題曰「補」

也。照圓六歲而孤，母林夫人恩勤鞠育，教以讀書。嘗從燕閒，顧照圓而命之曰：「昔班氏注列女傳十五卷，今其書亡，如能補爲之注，是余所望於汝也。」照圓謹志之不敢忘。分陰遄邁，奄忽四七，寸草盟心，遂成銜恤，追省前言，恒隕越以滋懼。不揣愚蒙，略依先師之詁，用達作者之意。凡所詮釋，將以通其隱滯，取供唫諷。至於義所常行，或傳記成文，舊人已注，則皆闕而弗論。誠知疏陋，無能纂續前修，庶幾念昔先人，少酬明發之懷。補注成，請夫子辨析疑義，時加訂正，無隱乎爾，竊所欣慕焉。嘉慶十年八月四日，福山王照圓撰。

列女傳補注敘録一卷

子文虎字彭年號少蘭覆校

女文則字順嬰號幼蘭覆校

海陽趙銘彝鳳崖覆校

列女傳補注校正

棄母姜嫄傳

汝居稷　臧庸案：「居」蓋「后」字之誤。史記五帝本紀亦作「汝后稷」，是古今文皆作「后」字也。古天子、諸侯、卿大夫皆有君稱，君之爲言主也。故夔亦稱后夔矣。鄭注云：「汝居稷官。」猶此傳下文云：「其後世世居稷。」「居稷」之文，當因此致誤。稷爲天官，故有君稱。「后稷」之文，其來已久，考證之説，蓋未可從。

頌懼棄於野　庸案：「野」乃「隘」字之誤。「隘」與「野」俗音相近，遂誤作「野」。詩生民所謂「誕寘之隘巷」是也。「一」、「恤」、「畢」皆脂類，「隘」從益聲，屬支類，古支、脂通。

鄒孟軻母傳

師事子思　庸案：子思大壽，然以年計之，孟子終不及師事也。史記以爲師事子思之門人，是。

孟子曰不敏　庸案：庸著拜經日記，向以「敏」爲衍字，淺人妄增入。

周南之妻傳

王室如毁　庸案：「毁」恐即「燬」之省借字也。

宋恭伯姬傳

使下而有知　庸案：「下」當爲「死」字之譌，謂先君宣公也。

周幽褒姒傳

褒姒滅之　庸案：烕，古「滅」字。毛詩古文，故作「烕」；韓、魯詩今文，故作「滅」。毛傳以今證古，故曰：「烕，滅也。」

魯之母師傳

使明請夫人　王念孫案：「明請」二字義不可通，「明」疑「朝」之誤。

周南之妻傳

頌凡事遠周　念孫案：「周」當爲「害」。上文「害」字凡兩見，是其證。隸書「害」字或作「𡧖」，與「周」相似，又涉上文「周南」而誤。

晉趙衰妻傳

與人勤於隘厄　念孫案：困、厄字古通作「隘」。疑此文本作「與人勤於隘」，無「厄」字。今作「隘厄」者，後人旁記「厄」字，因誤入正文耳。古無以「隘厄」二字連用者。

魏曲沃負傳

關雎起興　念孫案：文選注引此「起興」作「預見」，是也。漢書杜欽傳贊曰：「庶幾乎關雎之見微。」後漢書楊賜傳曰：「康王一朝晏起，關雎見幾而作。」曰「見微」，曰「見幾」，即此所謂「預見」也。今作「起興」者，後人不曉魯詩之義而妄改之耳。王伯厚詩考引此尚作「預見」。

乘居匹處　念孫案：「乘居」之義，與經言乘馬、乘禽、乘矢、乘壺之屬小有不同，彼謂四，此謂二也。方言曰：「飛鳥曰隻，鴈曰乘。」廣雅曰：「匹、乘，二也。」乘居，猶匹處耳。鴻烈泰族篇云：「關雎興於鳥，而君子美之，爲其雌雄之不乘居也。」義與此同。今本「乘」誤作「乖」，爾雅翼引此已誤。

齊孝孟姬傳

母醮房之中　念孫案：當作「母醮之房中」。

梁節姑姊傳

子在内中　念孫案：「内中」之「中」非衍文。古者謂室爲内，書大傳曰：「天子堂廣九雉，三分其廣，以二爲内，五分其内，以一爲高。」史記淮南傳曰：「閉太子，使與妃同内。」漢書鼂錯傳曰：「家有一堂二内。」是也。内中，室中也。韓子内儲説篇曰：「燕人李季好遠出，其妻私有通于士。季突至，士在内中。」史記封禪書曰：「有芝生殿房内中。」續外戚世家曰：「女亡匿内中牀下。」漢書武帝紀曰：「甘泉宫内中産芝。」顔籀曰：「内中，謂後庭之室。」是也。

齊宿瘤女傳

遲其至也　念孫案：「遲其至也」乃起下之詞，非承上之詞。遲，猶比也。「比」如「比及三年」之「比」。言比其至而宫中皆駭也。漢書高祖紀：「沛公乃夜引軍還，遲明，圍宛城三帀。」言高祖夜引軍還至宛城，比及天明，已圍城三帀也。史記「遲明」作「黎明」，索隱曰：「黎，猶比也。謂比至天明也。」案：「黎」、「遲」聲近而字通。小司馬説是也。服虔以「遲明」爲「欲天疾明」，文穎以爲「未明」，顔籀以爲「明遲於事，故曰遲明」，皆與上下文義不合。史記衛將軍驃騎傳：「遲明，行二百餘里。」義與此同。又南越傳：「遲旦，城中皆降伏波。」言比及旦明，而城中皆降伏波也。外戚傳：「遲帝還，趙王死。」言比及帝還，而趙王已死也。

齊東郭姜傳

唯辱使者不可以已　念孫案：唯，與「雖」同。崔杼愬其二子於慶封，欲封使人討之，故曰「雖辱使者，不可以已」也。古書「雖」字或作「唯」，説見鄗著戰國策考正「計聽知覆逆者」一條下。

賢明傳頌義小序

妃后賢焉　念孫案：「賢」當爲「覽」，字之誤也。此云「妃后覽焉」，下云「夫人省茲」，又云「諸姬觀之」，「觀」、「省」、「覽」義竝相近也。

秦穆公姬傳

衰絰履薪　王引之案：左傳衰絰與履薪爲二事，此文合爲一，殊不可解。或「衰絰」在「履薪」之下，「衰絰以迎」作一句，後人誤倒其文也。

上天降災　引之案：「上天降災」以下三十餘字，俗本左傳即據此增入。

京師節女傳

使要其女爲中譎　引之案：「譎」乃「詷」之誤。詷，伺間之謂也。漢書淮南王傳：「爲中詷長安。」

有虞二妃傳

選于林木　馬瑞辰案：路史引作「遜于林木」。

棄母姜嫄傳

性明而仁　瑞辰案：路史注引作「性敷而仁」。

契母簡狄傳

與其妹娣浴於玄丘之水　瑞辰案：路史引作「姊妹浴於玄丘之水」，今本作「與其妹娣」，誤也。又案：妹娣，一人耳。吕氏春秋音初篇云：「有娀氏有二佚女。」鴻烈墬形訓云：「有娀在不周之北，長女簡翟，少女建疵。」注云：「簡翟、建疵姊妹二人。」皆謂簡翟與其妹爲二。史記「三人行浴」，「三」當爲「二」之譌。補注分妹娣爲二，似誤。

立子生商　瑞辰案：吕氏春秋音初篇注引詩亦作「立子生商」，無「帝」字。

啓母塗山傳

既生啓辛壬癸甲啓呱呱泣　瑞辰案：路史注引列女傳言：「娶四日而去治水，啓既生，呱呱。」據此，是古本「辛壬癸甲」下當作「禹去而治水，啓既生，呱呱泣」云云，今本誤以「既生啓」移於「辛壬癸甲」之上，又以「禹去而治水」誤移於「啓呱呱泣」之下，遂覺别有異説矣。又案：頌以「辛壬癸甲，禹往敷土」接於「維配帝禹」之下，足證劉向亦謂娶四日而往治水，今本實有譌脱矣。又案：路史「后蟜」注：「蟜，列女傳作『嬌』。」亦今本所無。

夏桀末喜傳

末喜者夏桀之妃也　瑞辰案：路史：「復伐蒙山，得妹喜焉。」注引列女傳「以爲有施得之」。

輢其頭　瑞辰案：路史注引作「絡其頭」。

魯季敬姜傳

君子有穀貽厥孫子　胡承珙案：毛詩「貽」作「詒」，無「厥」字。陸德明釋文云：「本或作『詒厥孫子』、『詒于孫子』，皆妄加也。」元朗蓋未考此傳。

魏芒慈母傳

君子以一儀養萬物　承珙案：説苑反質篇「養」作「理」。

晉羊叔姬傳

貪惏無期　承珙案：期，度也。吕氏春秋懷寵篇「徵斂無期」，高誘注云：「期，度。」説文：「度，法制也。」

衛宣夫人傳

請願同庖　承珙案：范處義逸齋詩補傳引此作「願請」，又此句下有「夫人曰惟夫婦同庖」八字，此脱。御覽引又脱「夫人曰」三字，故補注疑爲注文，其實即傳文也。

我心匪石不可轉也我心匪席不可卷也　承珙案：王應麟詩考引列女傳「匪」作「非」，今本仍作「匪」，蓋後人據毛詩改耳。又衛宗二順傳引「我心匪石」，「匪」亦當作「非」。

息君夫人傳

豈如死歸于地下哉　承珙案：逸齋詩補傳引「歸」作「并」。據上文云「生離于地上」，下文引詩「穀則異室，死則同穴」。然則作「并」，於文義爲長。

魯秋潔婦傳

當所悦馳驟揚塵疾至　承珙案：「所」疑「忻」字或「訢」字之誤。又引詩「惟是褊心，是以爲刺」，毛詩「惟」作「維」。王應麟詩考載石經魯詩殘碑正作「惟」，此亦一證。

楚野辯女傳

周書曰毋侮鰥寡而畏高明　承珙案：今尚書洪範作「毋虐煢獨」，釋文云：「馬本作『亡侮』。」史記宋世家作「毋侮鰥寡」，與此同。困學紀聞載大傳所引洪範文作「毋侮矜寡」。矜，古通「鰥」。

齊女徐吾傳

詩曰辭之輯矣民之協矣　承珙案：毛詩「協」作「洽」。此與襄三十一年左傳引詩同。

嚴延年母傳

冬月傳屬縣囚論府下　承珙案：漢書作「會論府上」。荀悦漢紀亦作「府下」。

明德馬后傳

常言繼嗣當時而立　承珙案：姚氏後漢書補逸引司馬彪續漢書作「當以時立」。又「未嘗臨御窻」，東觀漢記作「希嘗臨御窻望」，姚輯張璠漢紀作「未嘗臨御窻牖」。又「車如流水馬如龍」，范書作「馬如游龍」，東觀記亦無「游」字。

魯季敬姜傳

物者所以治蕪與莫也　洪頤煊案：物，當是「惣」字之譌。惣，古「總」字。毛詩：「素絲五總。」「都」亦有總意，故惣可以爲都大夫。

楚莊樊姬傳

得無飢倦乎　頤煊案：飢倦，當作「𠃬倦」。漢書司馬相如傳「窮極倦𠃬」，郭璞曰：「疲憊也。」又曰：「𠃬，疲極。」此與下文俱作「飢倦」者，淺人所改。

宋鮑女宗傳

以事夫室瀫漠酒醴　頤煊案：下文兩言「夫室」，此當以「以事夫室」爲句。「瀫」當作「澂」，與「澄」字同。澄漠酒醴，言其清也。禮運曰：「澄酒在下。」

陶荅子妻傳

荅子治陶三年　頤煊案：陶即定陶。史記越世家：「范蠡止于陶，自謂陶朱公。」徐廣曰：「今之濟陰定陶。」穰侯列傳：「復益封陶。」索隱曰：「陶，即定陶也。」

棄母姜嫄傳

鳥傴翼之　牟房案：「傴」當作「嫗」，同聲假借字也。釋名云：「耨，似鋤，嫗薅禾也。」其「嫗」字亦是「傴」字假借，謂傴僂俯地而薅也。説文曰：「鋤，立薅所用也。」吕氏春秋曰：「耨柄尺。」蓋耨之柄短，不可以立薅，故云「傴薅」也。可証嫗、傴古通用也。詩生民作「鳥覆翼之」。覆、嫗古字通用。本書齊威虞姬傳「柳下覆寒女」，詩巷伯毛傳作「柳下惠嫗不逮門之女」，其明証也。樂記「煦嫗覆育萬物」，嫗、覆皆以體親之之意。

魯季敬妻傳

鼈於人何有　房案：國語無「人」字。於何有，言非難得之物，不足吝惜也。韋注不明。

鄒孟軻母傳

此非吾所以居處子　房案：處子，猶言幼子。幼子未成人者，隨習俗而變，故當擇所居也。易象下傳虞注曰：「凡士與女未用皆稱處。」選注引作「居子處」者，非。

魯黔婁妻傳

不戚戚於貧賤不忻忻於富貴　房案：陶潛五柳先生傳贊引作黔婁之言。

楚老萊妻傳

可以療饑　房案：療，毛詩作「樂」，此與韓詩外傳同。

魯臧孫母傳

是善告妻善養母也　房案：上「善」字衍文，涉下「善」字而誤。

魯公乘姒傳

吾豈以欲嫁之故數子乎　房案：數，謂責讓之也。漢書項藉傳注曰：「數，責也。」國策秦策注曰：「數，讓。」謂數其不習於禮，不達於人事也。子皮疑其以欲嫁之故而數之，姒自言非此之故也。

魏曲沃負傳

周之康王夫人晏出朝　房案：「夫人」二字不衍，「朝」字衍也。禮，夫人雞鳴佩玉去君所，非出朝也。觀虞貞節注及漢杜欽傳可知。

楚野辨女傳

妾已極矣　房案：釋詁曰：「極，至也。」辨女自言妾已先至其地，故責大夫之僕後至，而不少引卻也。

周幽褒姒傳

聞童妾遭棄而夜號　房案：「妾」字下疑脱「之女」二字。

晉獻驪姬傳

小臣死之　房案：「之」字疑衍文。

齊孝孟姬傳

結其衿縭　房案：補注「縭，緌也」，本爾雅釋器文：「婦人之褘謂之縭。縭，緌也。」孫炎以爲帨巾，郭氏以爲香纓，据本傳下文，一云「夙夜無怠，尔之衿縭」，又云「夙夜無愆，尔之衿鞶」，則以縭、鞶爲一物矣。似當用韓詩「縭，帶也」，於義爲近。見文選思玄賦注引。

梁鴻之妻傳

妻每進食舉案齊眉　房案：補注「案，几屬」，本説文。然進食所舉是槃屬，非几屬也。急就章顔師古注曰：「無足曰槃，有足曰案，所以陳舉食也。」蓋槃、案二字互文則異，散文則通。史記張耳傳曰：「張敖自持案進食。」漢書外戚傳曰：「親奉案上食。」以及此文進食舉案，皆指槃而言，非指几屬也。周官司几筵疏曰：「阮諶云：几長五尺，高尺二寸，廣二尺。馬融以爲長三尺。」据知几非微小之器，進食者斷無竝几舉之之理。内則「御者舉几」，乃言長者既坐，舉几進之，使憑以爲安，非進食也。進食所舉，猶今之持承槃矣。懿行案：此條辨則辨矣。愚意以爲案仍是几，非槃屬也。顔注謂「有足曰案」，似與槃異。今坑上安几，形制亦矮小，舉之非難。伯鸞清簡，不必有五尺長几也。

魯黔婁妻傳

頌不求豐美　補注：美字失韻。王紹蘭按：「美」當爲「養」，字之誤也。傳云「甘天下之淡味，安天下之卑位」，故頌云「安賤甘淡，不求豐養」也。傳又云：「先生在時，食不充口，衣不蓋形。死則手足不斂，旁無酒肉。生不得其美，死不得其榮，何樂於此而謚爲康乎？」「美」亦當爲「養」，與「形」、「榮」、「康」爲韵。

魯臧孫母傳

言取郭外萌内之於城中也　紹蘭按：萌者，民也。周秦書多謂民爲萌。取郭外民内城中，猶言「四鄙入保」也。補注「蓄聚疏材」之説似迂。

魏曲沃負傳

王亂於無別　紹蘭按：「於」當爲「從」，字之誤也。亂從，謂亂順。左氏昭五年傳「使亂大從」，孔疏引服虔注云：「使亂大和順之道。」哀二年傳「鄭勝亂從」，亦謂亂順，是列女傳所本。下云「從亂無別」，「從」字未譌，而又誤倒其文，然可爲「亂於」本作「亂從」之證。

陳寡孝婦傳

備吾不還　紹蘭按：「備」字難解，疑當作「倘」，形之誤也。魏節乳母傳「乳母倘言之」，是其比。

淮陽太守以聞漢孝文皇帝高其義　補注：漢地理志：「陳屬淮陽國。」是不爲郡矣。而云「太守」者，或孝文帝時曾改爲郡而史缺歟？不則，「太守」二字誤也。「漢」字後人妄加之。紹蘭按：「太」字衍文，「守」字不誤。漢書文帝紀有淮陽守申屠嘉，嘉本傳云：「孝惠時，爲淮陽守。孝文元年，舉故以二千石從高祖者，悉以爲關内侯，食邑二十四人，而嘉食邑五百户。十六年，遷爲御史大夫。」百官公卿表：「孝文十六年，淮陽守申屠嘉爲御史大夫。」然則守即二千石，二千石郡國皆有。高五王傳云：「始悼惠王得自置二千石。」即其證。故淮陽國亦得有守，此傳當云「淮陽守以聞」，蓋即嘉也。至太守之稱，始於景帝中二年，知「太」爲衍字矣。

蓋將之妻傳

以爲卿而使別治蓋句君子謂蓋將之妻　紹蘭按：戎伐蓋，以蓋將之弟爲卿，使別治蓋。文讀自明，補注以「別治」絶句，似誤。

齊宿瘤女傳

盛服而衛遲其至也宿瘤駭宮中　紹蘭按：「遲其至也」承上讀，自通。遲者，頚也。説文立部：「頚，待也。」經典省文作「須」。魯有樊須，字遲明。遲有頚待之義。此傳謂諸夫人盛服而衛，頚其至也。「宿瘤駭宮中」者，謂宿瘤駭宮中之文飾盛服，故下云「桀、紂不自飾以仁義，習爲苛文，造爲高臺深池，後宮蹈綺縠，弄珠玉」，是其所以駭也。又云「於是諸夫人皆大慙」，慙其盛服而衛也。及宿瘤爲后，閔王出令卑宮室，填池澤，損膳減樂，後宮不得重采，更知宿瘤初至宮中而駭由此也。然則「宿瘤駭宮中」，非宮中駭宿瘤，其義甚明。且宿瘤駭狀可嗤，故下文言諸夫人皆掩口而笑，左右失貌，不能自止。若宮中駭宿瘤，則「掩口」、「失貌」皆贅文。

王孫氏母傳

祖右　補注：祖，衣縫解也。　紹蘭按：説文人部：「但，裼也。」但裼，即戰國策、韓非子所謂「徒裼祖右」之「祖」。「但」爲正字，「祖」則假借字。衣部：「祖，衣縫解也。」即内則所謂「衣裳綻裂」。祖、綻古今字，與但裼之義不同。

班女婕妤傳

求供養於東宫寡李之行也　紹蘭按：「李」當爲「孝」字之誤也。寡孝即陳寡孝婦，專心養姑。班倢伃求供養皇太后於長信宫，其事正同，故云「寡孝之行」也。

漢趙飛燕傳

砌皆銅沓　補注：砌，階砌也。外戚傳作「切」。沓，合也。以銅合其砌縫。　紹蘭按：漢書外戚傳作「切皆銅沓冒」，師古以切爲門限，沓爲冒其頭，是也。説文木部：「榍，限也。从木，屑聲。」尸部：「屑，動作切切也。」齒部：「齘，齒差也。从齒，屑聲，讀若切。」爾雅釋器：「骨謂之切。」釋文：「切，本或作𨻶。」是古音「楣」近「切」，故漢書假「切」爲「楣」，謂門限也。金部：「鍇，以金有所冒也。」「沓」即「鍇」之省文。切爲門限，故可以銅沓爲冒。若階砌，則不得言冒矣。且下文「白玉階」别爲一事，更知切非階砌。廣雅云：「限謂之丞。柣、戺、橉，砌也。」「砌」即「切」之俗體，是亦以切爲門限也。沓有合訓，但銅沓冒取從上冒合爲義，非合縫之謂。

黄金塗　補注：塗，路也。言中庭之路，以黄金爲飾。紹蘭按：外戚傳「切皆銅沓冒，黄金塗」，師古曰：「塗，以金塗銅上也。」然則傳謂以銅沓冒切上，又以黄金塗銅沓上也。霍光傳云：「作乘輿輦，加畫繡絪馮，黄金塗，韋絮薦輪。」霍夫人傳畧同。廁黄金塗於絪馮、薦輪之閒，則塗非路可知。故如淳曰：「絪亦茵。馮，所以馮者也。以黄金塗飾之。」師古曰：「以繡爲茵馮，而黄金塗輿輦也。」皆不以塗爲路。説文金部：「錯，金涂也。」「涂」即「塗」之正字，明「塗」爲「塗飾」之「塗」，非「塗路」之「塗」矣。黄金涂，今俗云鍍金是。

列女傳引經索引

【説明】列女傳後來雖列史部傳記類，然其實爲漢代説經解經之書，其體即韓詩外傳之體也。今點校整理王書，因纂輯列女傳中所引諸經（易經類下附易緯一條），按漢志六藝略次第序之；同書之下，以今存經書篇目次第序之。若句出同篇，則按其章句次第序之。遇見某傳引一章首尾，而某傳引其章某二句者，兩存之。至於前後二傳所引相同，則合作一條。又列女傳所引諸經文字偶與今本有相出入，前賢説爲家法相異之故，非獨本書考證，即陳喬樅、王先謙等皆有專書考論之。故今纂輯索引，於此類文字不加校改亦不單獨加以説明，僅於其後括注説明出自今本經書何篇何章，幸讀者詳之。

引易

隨，元亨利貞，无咎（今周易隨） 卷七・魯宣繆姜 / 291

在中饋，无攸遂（今周易家人） 卷一・鄒孟軻母 / 35

日中則昃，月盈則虧。天地盈虚，
與時消息（今周易豐） 卷三・楚武鄧曼 / 95

正其本則萬物理。失之豪釐，
差之千里（今易緯通卦驗） 卷四・召南申女 / 133

引書

虞書

周書

引詩

國風

周南

鄘風

髧彼兩髦，實惟我儀，之死矢靡他
（今毛詩鄘風柏舟首章） 卷八·孝平王后 / 351

展如之人兮，邦之媛也（今毛詩鄘風君子偕老三章）
卷二·齊桓衛姬 / 51

匪直也人，秉心塞淵（今毛詩鄘風定之方中三章） 卷四·陳寡孝婦 / 172

乃如之人兮，懷婚姻也。大無信也，
不知命也（今毛詩鄘風蝃蝀三章） 卷七·陳女夏姬 / 295

相鼠有皮，人而無儀。人而無儀，
不死何爲（今毛詩鄘風相鼠首章） 卷七·衛二亂女 / 305

人而無禮，不死胡俟（今毛詩鄘風相鼠二章） 卷七·趙悼倡后 / 311

彼姝者子，何以予之（今毛詩鄘風干旄二章） 卷一·鄒孟軻母 / 33

彼姝者子，何以告之（今毛詩鄘風干旄三章） 卷一·鄒孟軻母 / 33

載馳載驅，歸唁衛侯。驅馬悠悠，言至于漕。
大夫跋涉，我心則憂。既不我嘉，
不能旋反。視爾不臧，我思不遠
（今毛詩鄘風載馳首章、二章） 卷三·許穆夫人 / 96

百爾所思，不如我所之（今毛詩鄘風載馳五章） 卷二·陶荅子妻 / 71
卷三·魯公乘姒 / 123

衛風

有斐君子，如切如磋，如琢如磨。瑟兮僩兮，
赫兮咺兮。有斐君子，終不可諼兮
（今毛詩衛風淇奧首章） 卷八·班女婕妤 / 343

碩人其頎，衣錦絅衣。齊侯之子，

王風

鄭風

* 此句黍離三章俱有，因略去"某章"之定位。——編者注

魏風

唐風

秦風

陳風

檜風

曹風

小雅

鹿鳴之什

南有嘉魚之什

鴻雁之什

節南山之什

谷風之什

甫田之什

魚藻之什

大雅

文王之什

生民之什

辭之輯矣，民之協矣（今毛詩大雅板二章） 卷六·齊女徐吾 / 263

辭之懌矣，民之莫矣（今毛詩大雅板二章） 卷六·齊太倉女 / 265

我言惟服（今毛詩大雅板三章） 卷一·衛姑定姜 / 19

先民有言，詢于芻蕘（今毛詩大雅板三章） 卷六·齊管妾婧 / 219

老夫灌灌，小子蹻蹻。匪我言耄，
爾用憂謔（今毛詩大雅板四章） 卷三·趙將括母 / 132

多將熇熇，不可救藥（今毛詩大雅板四章） 卷三·晉伯宗妻 / 105

蕩之什

流言以對，寇攘式内（今毛詩大雅蕩三章） 卷七·趙靈吴女 / 307

曾是莫聽，大命以傾（今毛詩大雅蕩七章） 卷三·楚武鄧曼 / 95

枝葉未有害，本實先敗（今毛詩大雅蕩八章） 卷七·齊東郭姜 / 302

有覺德行，四國順之（今毛詩大雅抑二章） 卷五·魯義姑姊 / 189–190

敬慎威儀，維民之則（今毛詩大雅抑二章） 卷二·秦穆公姬 / 57

無言不讎，無德不報（今毛詩大雅抑六章） 卷五·周主忠妾 / 201

無曰不顯，莫予云覯（今毛詩大雅抑七章） 卷三·晉羊叔姬 / 115

淑慎爾止，不愆于儀（今毛詩大雅抑八章） 卷四·宋恭伯姬 / 137

不僭不賊，鮮不爲則（今毛詩大雅抑八章） 卷五·代趙夫人 / 191
卷五·郃陽友娣 / 213

温温恭人，維德之基（今毛詩大雅抑九章） 卷二·晉趙衰妻 / 67

聽用我謀，庶無大悔（今毛詩大雅抑十二章） 卷三·齊靈仲子 / 109

取辟不遠，昊天不忒（今毛詩大雅抑十二章） 卷八·周郊婦人 / 315

惟此惠君，民人所瞻。秉心宣猷，
考慎其相（今毛詩大雅桑柔八章） 卷八·明德馬后 / 362

周頌

清廟之什

閔予小子之什

魯頌

君子有穀，貽厥孫子（今毛詩魯頌有駜三章） 卷一・魯季敬姜 / 27

載色載笑，匪怒匪教（今毛詩魯頌泮水二章） 卷一・鄒孟軻母 / 35

赫赫姜嫄，其德不回，
　上帝是依（今毛詩魯頌閟宫首章） 卷一・棄母姜嫄 / 5

商頌

温恭朝夕，執事有恪（今毛詩商頌那） 卷二・楚莊樊姬 / 58

天命玄鳥，降而生商（今毛詩商頌玄鳥） 卷一・契母簡狄 / 9

有娀方將，立子生商（今毛詩商頌長發首章） 卷一・契母簡狄 / 9

引禮

下公門，式路馬（今禮記曲禮上） 卷三・衛靈夫人 / 107

引論語

見義不爲，無勇也（今論語爲政） 卷八・漢馮昭儀 / 337

君子不遷怒，不貳過（今論語雍也） 卷六・楚野辨女 / 231

不義而富且貴，於我如浮雲（今論語述而） 卷八・梁鴻之妻 / 357

可以託六尺之孤（今論語泰伯） 卷五・魯孝義保 / 173

死生有命，富貴在天（今論語顔淵） 卷八・班女婕妤 / 343

父爲子隱，子爲父隱，
　直在其中矣（今論語子路） 卷五・珠崖二義 / 209